Vaim, hing ja ihu (II)

Ruumis avanenud vaimumaailma lugu!

Vaim, hing ja ihu (II)

Dr. Jaerock Lee

URIM BOOKS

Vaim, hing ja ihu (II) Dr. Jaerock Lee
Kirjastaja: Urim Books (Esindaja: Johnny. H. Kim)
235-3, Guro-dong 3, Guro-gu, Seoul, Korea
www.urimbooks.com

(Piiblitsitaadid: Piibel, Tallinn, 1997 – Eesti Piibliseltsi väljaanne)

Autoriõigus @ 2012, Dr. Jaerock Lee
ISBN: 979-11-263-1331-0 03230
Tõlke autoriõigus @ 2012, Dr. Esther K. Chung. Kasutatud autori loal.

Esmaväljaanne novembris, 2012

Eelnevalt kirjastatud korea keeles: Urim Books, 2010
Toimetaja: Dr. Geumsun Vin
Tõlkija: Tiina Wilder
Kujundus: Urim Books toimetusbüroo
Lisateabeks võtke ühendust: urimbook@hotmail.com

Eessõna

Sellest ajast saadik, kui ma võtsin Jeesuse Kristuse vastu ja hakkasin Piiblit lugema, hakkasin ma palvetama, et Jumala südant põhjalikult mõista. Jumal vastas mulle pärast seitset aastat täis arvukaid palveid ja paastuaegu. Pärast koguduse avamist selgitas Jumal mulle Püha Vaimu sisendusel palju raskeid piiblikohti, millest ühes sisaldub raamatu „Vaim, hing ja ihu" üksikasjalik sisu. See on saladuslik lugu, mis aitab meil mõista inimese päritolu ja meist endist aru saada. See räägib asjust, mida ma ei saanud kusagilt mujalt teada ja mille teada saamine valmistas mule kirjeldamatut rõõmu.

Kui ma edastasin need sõnumid vaimu, hinge ja ihu kohta, sain ma palju tunnistusi ja vastuseid nii Koreast kui välismaalt. Paljud ütlesid, et nad mõistsid end ja said aru, missugused olendid nad olid ning said vastused paljudele rasketele piiblisalmidele ja arusaama tõelise elu saamise viisidest. Mõned neist inimestest ütlevad, et nüüd on nende eesmärgiks saada vaimseks inimeseks ja jumaliku loomuse osaliseks ning nad püüavad seda saavutada 2. Peetruse 1:4 kirjapandu kohaselt, kus öeldakse: „Sel viisil on meile kingitud kõige kallimad ja suuremad tõotused, et te nende kaudu võiksite põgeneda kaduvusest, mis valitseb maailmas himude tõttu, ja saada jumaliku loomuse osaliseks.”

Sun Tzu Sõjakunst raamatu alusel ei kaota te iialgi ainsatki lahingut kui te tunnete iseend ja oma vaenlast. „Vaim, hing ja ihu“ sõnumid valgustasid meie „olemuse“ sügavust ja õpetavad meile inimese päritolust. Kui me õpime ja mõistame seda sõnumit põhjalikult, suudame me igasuguseid inimesi mõista. Me õpime ka, kuidas võita meid mõjutanud pimedusejõude, et elada võidukat kristlase elu.

Raamatu Vaim, ihu ja hing 2.köites selgitatakse eriti Looja Jumala algupära, tohutut vaimuruumi ja valguseruumi, kus meie vaim elab edaspidi. Raamatus on mõned täisvärvipildid, mis aitavad paremini mõista Jumala kuju ja ruumi. Kui me mõistame ruumi saladusi ja saame täieliku vaimuga inimeseks, võime me minna kaugemale inimlikest piirangutest ja kasutada Jumala ruumi ning võime isegi näha Jumala kuju. Sellepärast ütles Jeesus

Johannese 14:12: „Tõesti, tõesti ma ütlen teile, kes usub minusse, see teeb neidsamu tegusid, mida mina teen, ja ta teeb nendest hoopis suuremaid, sest mina lähen Isa juurde."

Ma tahaksin tänada toimetusbüroo juhatajat Geumsun Vini ja büroo töötajaid. Ma loodan, et see raamat annab lugejatele vajalikud eeldused valguseruumi minekuks ja Jumala imelise ruumi kogemiseks.

2010, märts
Jaerock Lee

Vaimu, hinge ja ihu teise teekonna algus

„Aga rahu Jumal ise pühitsegu teid läbinisti ning teie vaim ja hing ja ihu olgu tervikuna hoitud laitmatuna meie Isanda Jeesuse Kristuse tulemiseks" (1. Tessalooniklastele 5:23).

Tänapäeval on igale Internetti pääsejale avatud küberruum, aga inimesed kasutavad seda erineval määral oma olemasolevate arvutiteadmiste ja Internetioskuste kohaselt. Samamoodi võime meie mõista Jumala ruumist aru saamisega võrdväärselt Piibli hämmastavaid imesid ja kogeda oma igapäevaelus niisuguseid Jumala tegusid.

Piiblis räägitakse paljudest sündmustest, mis aitavad Jumala ruumist aru saada. Kui Stefanos suri kividega surnuksloopimise teel märtrisurma, avanes taevavärav ja ta nägi Inimese Poega istuvat Jumala paremal käel (Apostlite teod 7:56). See oli võimalik, kuna Jumal avas neljanda taeva ruumi. Peetrus vangistati evangeeliumi kuulutamise ajal, aga ta sai inglite abil vabaks. Apostel Paulus koges sama, kui teda vangistati Filipposes. Jumal avas kolmanda taeva ruumi ja saatis vägeva ingli, kes vallandas ahelad ja avas väravad.

Kui me kasvatame terve vaimuga südame, võime me maa peal Jumala ruumi kasutada ja meie jaoks pole midagi võimatut. Lisaks saame me igavese elu ja Uue Jeruusalemma õnnistused tulevikuks. Teisalt, inimene, kellel pole veel tervet vaimu, peab Jumala ruumi kasutamisvõimeks täitma õigusemõõdu. See raamat on täis piiramatut vaimuruumi kirjeldavaid lugusid.

See raamat aitab lugejatel teha järgmist:

1. See aitab neil mõista inimese kasvatamise ettehoolde raames tõeliste laste saamiseks ruume, mõõtmeid, valgust ja pimedust jaotanud Jumala armastust. Kui me võtame Jeesuse Kristuse vastu ja tegutseme usus, võime me kogeda valguse laste õigust ja minna ilusasse valguse ruumi.

2. Taevas on valguse ruumis. Seda liigitatakse paljudeks eluasemeteks paradiisist Uue Jeruusalemmani. Me elame Taevas oma täiustatud taevastes ihudes. Me kogeme Taevast igavest elu, mis on täis õnne ja rõõmu ja see on Jumala and meile.

3. Üksnes Jumala vägi teeb meist tõelised jumalalapsed, kes on Jumala kujuga. Jumala väe kaudu võime me minna ilusasse valguse ruumi ja kogeda imelisi ja vägevaid tegusid, mis ületavad maailma inimlikud piirid.

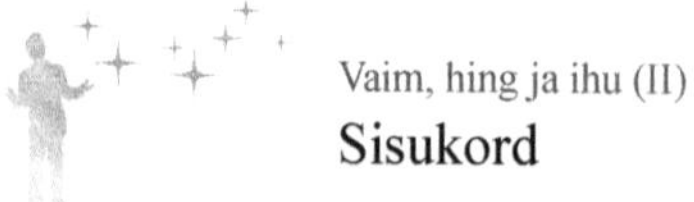

Sisukord

Eessõna

Vaimu, hinge ja ihu teise teekonna algus

1. osa Vaimusfääri tohutu ruum

1. peatükk Pimedus ja valgus
2. peatükk Valguse ruumi sisenemise tingimused

2. osa Vaim, hing ja ihu vaimses ruumis

1. peatükk Erinevad eluasemed
2. peatükk Vaim, hing ja ihu vaimses ruumis
   1. Vaimne kuju
   2. Vaimu juurde kuuluv hing ja ihu
   3. Jumala and (igavene elu Taevas)

3. osa Inimolendi piiridest kaugemale minek

1. peatükk Jumala ruum
2. peatükk Jumala kuju

Vaim, hing ja ihu (I)

1. osa Liha moodustumine

1. peatükk Liha mõiste
2. peatükk Loomine
3. peatükk Inimesed füüsilises ruumis

2. osa Hinge moodustumine
(Hinge tegutsemine füüsilises ruumis)

1. peatükk Hinge moodustumine
2. peatükk Minaolemus
3. peatükk Liha puudutav
4. peatükk Elava vaimu tasemest kaugemale

3. osa Vaimu taastumine

1. peatükk Vaim ja terve vaim
2. peatükk Jumala algne plaan
3. peatükk Tõeline inimolend
4. peatükk Vaimusfäär

1. osa

Vaimusfääri tohutu ruum

Mis juhtus Taevas enne Loomist?

Kuidas moodustusid valguse ruum ja pimeduse ruum?

„Ja see on sõnum, mida me oleme kuulnud Temalt ja kuulutame teile: Jumal on valgus, ja Temas ei ole mingit pimedust.”

1. Johannese 1:5

„Temale, kes sõidab taevaste taevas, mis on muistsest ajast! Ennäe, Tema annab kuulda oma häält, võimsat häält.”

Laul 68:34

1. peatükk

Pimedus ja valgus

Valgus ja pimedus ei eksisteeri vaid selles nähtavas maailmas, aga ka vaimumaailmas on valguse ja pimeduse ruumid. Mis põhjusega Jumal lasi pimeduse ruumil eksisteerida ja kes on pimeduse valitseja?

Tohutu vaimuruum ja algne Jumal

Jumal planeeris inimese kasvatamise

Algsest Jumalast sai Kolmainsus

Jumal lõi inglid ja keerubid

Lutsiferi ebaõnnestunud mäss

Jumala ettehoole valguse ja pimeduse jaotamisel

Kas te jäite kunagi lapsena taevatähti kokku lugedes magama? Ma usun, et paljudel teist on taoline mälestus. Me võime silmaga väga palju tähti näha, aga on ka loendamatuid nähtamatuid tähti. Kui suur on universum?

Isegi teaduse areng ei ole inimestel võimaldanud universumi täpset suurust arvutada, kuna tegu on lõpmatult suure ruumiga. Maataolised planeedid kogunevad ja moodustavad päikesesüsteemi ja paljud muud päikesesüsteemid ja teised taevakehad kogunevad ja moodustavad galaktika. Arvukad galaktikad aga moodustavad galaktikate rühma ja galaktikate rühmad moodustavad mikrokosmose, mikrokosmosed aga moodustavad suure universumi.

Meie galaktika päikesesüsteem on vaid tillukese täpi suurune. Ka see galaktika on kogu universumi suurusega võrreldes vaid täpi sarnane. Üksnes seda füüsilist universumi ei ole võimalik mõõta ka kõige kaasaegsemate teaduslike mõõtevahenditega. Aga vaimse ruumiga võrreldes on tegu vaid väga väikese osaga.

Nähtavale füüsilisele universumile lisaks on olemas vaimne ruum, mis laiub lõpmatult teises mõõtmes. Piiblis mainitakse mitmeid "taevaid".

5. Moosese raamatus 10:14 öeldakse: „Vaata, Isanda, su Jumala päralt on taevas ja taevaste taevas, maa ja kõik, mis seal on" ja Nehemja 9:6 on kirjas: „Sina üksi oled Isand, Sina oled teinud taeva, taevaste taevad ja kõik nende väe, maa ja kõik, mis selle peal on, mered ja kõik, mis neis on. Sina annad neile kõigile elu ja taevavägi kummardab Sind."

Kuidas tekkisid need paljud taevad ja mis juhtus neis taevastes enne selle maailma loomist? Liigume tagasi selle maailma eelsesse aega, mis eksisteeris enne meile teada olevat universumi ja galaktikat. Selle aja universum ei olnud sama, mis meie praegune universum. Tegu oli vaid tohutusuure ruumiga, kus polnud vahet vaimse ruumi ja füüsilise ruumi vahel.

Tohutu vaimumaailm ja algne Jumal

Tohutu vaimumaailm tähistab algset universumi tervikuna. See oli ruum, kus algne Jumal asus enne ajastute algust. Siin tähistab „algne Jumal" enne loomist valguse ja hääle kujul olemas olnud Jumalat. Algne universum kujutab universumi, kus oli olemas vaid algne Jumal.

Kuidas Jumal esialgu välja nägi? Kujutage ette lõpmatult suurt universumi täitvaid ilusaid tulesid ja kuidas need tuled paisuvad ja rulluvad lainetena. Nii nagu öeldakse 1. Johannese

1:5: „Jumal on valgus," Jumal sirutus niisuguste ilusate säravate valguste kujul läbi kogu algse universumi.

„Virmalised" aitavad meil niisuguse algse Jumala kuju mõista. Virmalised on taevas polaaralade lähedal nähtavad. Nad on tavaliselt ilusates punastes, sinistes, kollastes, helerohelistes või roosades värvides. Öeldakse, et virmaliste tuled on nii ilusad, et neid näinutel ei unune kunagi nähtu ilu.

Roomlastele 1:20 öeldakse: „Tema nähtamatu olemus, Tema jäädav vägi ja jumalikkus on ju maailma loomisest peale nähtav, kui mõeldakse Tema tehtule, nii et nad ei saa endid vabandada," Jumal lõi virmaliste sarnased valgused, et me mõistaksime Jumala algset välimust, kui me mõtiskleme algse Jumala väljanägemise üle.

Algsel Jumalal oli selge ja puhas, ent majesteetlik hääl valgustes, mis rullusid nagu lained. Kas te olete kuulnud sosinalaadseid helisid, mis kaasnevad maheda tuulepuhanguga? Meretuules on kuulda lainete mahedat heli. Nii nagu tuul kannab heli, kumises algsest valgusest hääl. Nii nagu heli kandub tuules, levis algne hääl algse valgusega läbi universumi, seda samaaegselt hõlmates.

Aga kui te kuulete Jumala häält ka vaid korra, ei saa te iialgi seda häält unustada. Ma olen seda paar korda kuulnud ja see oli nii majesteetlik, puhas ja selge. See tähendab, et see oli väga suurejooneline ja puhas. Jumala hääl on tegelikult väga selge ja puhas ja ometi väga majesteetlik, suutes kõlada kogu universumis.

Johannese 1:1 öeldakse: „Alguses oli Sõna ja Sõna oli Jumala juures ja Sõna oli Jumal." Alguses olemas olnud Sõna on algne hääl, mis kumises algsest valgusest. Ülaltoodud salmis kujutati Jumalat „Sõnana", mis on Jumala valgusekuju asemel pigem Tema olemus. „Sõna" on sisu ja „Jumal" on sisu nimetus. Seega Jumala sisuks on „Sõna" ja Ta eksisteeris valguste ja kogu universumit täitva hääle kujul.

Jumal planeeris inimese kasvatamise

Esialgu üksinda olemas olnud Jumal planeeris piiramatu ajakulu teatud hetkeks „inimese kasvatamise":

„Aga kui oleks keegi, kes tunneks tohutut universumi ja minu südant ja armastaks mind vastu? Mis sünniks, kui ta suudaks mind mõista ja tal oleksid minult saadud süda ja tunded ning ta annaks vastutasuks mulle oma südame? See teeks mind õnnelikuks ja valmistaks rõõmu!"

Jumal tahtis teist olendit, kellega suhelda ja kõike universumis jagada. Eriti tahtis Jumal olendit, kellega oma armastust jagada. Jumal tegi „inimese kasvatamise" plaani sooviga omale tõeliste laste saamiseks uut tööd alustada.

Mida Jumal teie arvates tegi inimese kasvatamise plaani raames esimese asjana? Jumal oli esialgu olemas kogu universumis leviva valgusena, aga Ta sulandus ühte vaimumaailma tipus ja hakkas valguse kujul eksisteerima. Kui Ta oli ühe valguse kujul, valmisid „taevaste" eri mõõtmed. Siin on „taevas" universumi ruumi sünonüümiks. Esialgu oli olemas vaid üks algne universum, aga kui algne Jumal sulandus üheks ja oli ainsa valgusena olemas, valmisid erinevad universumi ruumid, sest universumi läbi levinud valgused ühtisid ja koondusid vaimumaailma tipus, erinevad ruumid valmisid valguse eredusele vastavalt.

Minevikus oli valguse eredus kogu algses universumis samasugune, aga siis muutus vaimumaailma tipp kõige eredamaks. Näiteks, kui panna 10000 valgust ruumi ühtlaselt valgustama, on valgus kogu ruumis sama ere. Aga kui panna ruumi keskele üks valgus, mis paistab sama eredalt kui need 10000 valgust kokku? Mida lähemal keskkohale, seda eredamaks muutub valgus ja kauguse suurenedes kehtib vastupidine. Samamoodi, kui algne valgus muutus üheks koondunud valguseks, loodi erinevad ruumid vastavalt ruumide ereduse erinevustele.

Algne valgus on vaimne ja valguse ereduse muutudes muutus ka vaimse loomuse tihedus. Kui algne valgus koondus üheks valguseks, muutusid valguse eredus ja vaimu tihedus allikast kaugenedes väiksemaks. Seega, varem eksisteerinud algses universumis jaotus üks ruum neljaks erinevaks universumiks vastavalt valguse eredusele ja vaimu tihedusele. Jumal kutsus neid esimeseks, teiseks, kolmandaks ja neljandaks taevaks.

Koht, kus Algne Jumal oli valgusena tihedasti koos, on väga eriline neljandasse taevasse kuuluv koht. Seega, valgus on eredaim neljandas taevas ja sama kehtib ka vaimu tiheduse kohta. Kolmandas taevas on väiksem valguse eredus ja vaimu tihedus ja sama kehtib teise taeva kohta. Teine, kolmas ja neljas taevas kuuluvad vaimumaailma. Esimene taevas kujutab nähtavat füüsilist universumi. See on universum, kus vaimu loomus kadus peaaegu täielikult, kui Jumal liitus üheks valguseks ja seega see on vaimuloomuse asemel lihaloomust täis.

Kui füüsilises maailmas mingi ruum neljaks lõigata, on iga osa algsest väiksem. Aga vaimumaailmas ei ole lood niimoodi, sest seal pole piire. Kui tohutusuur piiritu universum jagati neljaks, saadi neli tohutusuurt piiritut universumi. Seetõttu, isegi kui algne universum jaotati neljaks taevaks, pole ühelgi taeval piire. Piirideta pole vaid teine, kolmas ja neljas taevas, aga ka esimene taevas ehk lihalik maailm.

Jumal lasi erinevatel taevastel kasutuse kohaselt olemas olla. Esiteks, Jumal jaotas esimese taeva, seades selle inimese kasvulavaks. Teine taevas valmistati inimese kasvatamise jaoks vajalike pimedusevaimude ruumiks. Aga see oli ka elavaks vaimuks valmistatud Aadamale. Kolmas taevas eraldati taevariigi ehitamiseks ja sinna läks kogu inimese kasvatamise käigus saadud hea vili. Lõpuks, neljas taevas on Kolmainu Jumala ruum. See on algse ühe ruumi kujul olnud universumiga samas mõõtmes.

Kui algne universum jagati esialgu neljaks taevaks, ei olnud neis taevastes mingit sisu. Aga see ei tähenda, et need taevad oleksid täiesti tühjad olnud. Algses universumis olid arvukad tähed. Esimeses taevas polnud veel tehtud meie maad, päikesesüsteemi ega galaktikat. Kolmandas taevas ei olnud veel tehtud taevariiki. See oli vaid taevariigi valmistamiseks sobiv koht. Pärast ruumide jaotamist hakkas Jumal neid ruume oma loomistegudega täitma.

Algsest Jumalast sai Kolmainsus

Pärast üheks valguseks tihenemist eraldus Jumal esiteks kolmeks valguseks. Siin ei peeta „valguse kolmeks jagunemisega" silmas mingi füüsilise vormi kolmeks osaks jaotumist. See sarnaneb pigem kahe samasuguse valguse lähtumisega ühest algsest valgusest. Isegi kui algne valgus jaotus kolmeks, ei ole need kolm valgust eraldi ega erinevad, vaid on algsega samad.

Algne valgus eksisteeris ühe valgusena ja kaks ülejäänud valgust loodi. Pärast kolmeks valguseks muutumist võtsid valgused inimlaadse vaimukuju. Nad hakkasid eksisteerima Isa Jumala, Jumala Poja ja Jumala Püha Vaimuna. Pärast Algse Jumala jaotumist Kolmainu Jumalaks, riietus iga Kolmainsuse osa oma vaimsesse ihusse, mis oli veidi erinev. Aga nende vaimsete ihude sees olevad vaimud lähtusid samast algsest Jumalast, seega võib öelda, et kogu Kolmainsusel on sama süda, samad mõtted, vägi ja tarkus.

Sellepärast me kutsume Isa Jumalat, Jumala Poega ja Jumala Püha Vaimu Kolmainsuseks. Kolmainu Jumal lõi esiteks Jumala eluasemeks olnud ruumi jaoks vajaliku. Kui Jumal eksisteeris üksinda valgusena, kust lähtus hääl, ei vajanud Ta eluaset. Aga kuna Ta omandas kuju, vajas Ta eluaset.

Kui Kolmainu Jumal viibib neljandas taevas, ei pruugi Ta omale mingit kuju võtta. Neljandas taevas võib Ta oma kuju meelevaldselt muuta ja kuna Tal on vahel teatud kuju, on seal Tema eluase. Jumalal on taevariiki sisaldavas kolmandas taevas alati kuju ja seega Ta lõi omale sinna eluaseme. Jumal hakkas ka looma Teda teenivaid vaimolendeid.

Jumal lõi inglid ja keerubid

Jumal lõi kahttüüpi vaimsed olendid – „inglid" ja „keerubid". Ingel on inimesega peaaegu sarnase kujuga, välja arvatud inglitiivad (Johannese ilmutus 14:6). Inimesed ja ka inglid loodi Jumala kuju järgi (Markuse 16:5). Inglitel on lihtsalt vaid Jumala väline kuju, aga inimestel on nii Jumala välimus kui ka süda.

Aga missugune on inglite suurus? On olemas inimeste sarnaseid ingleid. Aga on ka väga tillukesi ja hiiglasuuri ingleid. Neil on oma rollile vastav kuju ja iseloomulikud omadused.

Näiteks, kui mingi ingel on sõjaväe ülemjuhataja rollis,

oleks ta jaoks kohasem meesterahva kuju. Tantsimiseks ja laulmiseks oleksid naisterahva kujuga inglid kohasemad. Muidugi ei tähenda see, et mehekujuga inglid ei tantsiks. Nii nagu maailmas on meestantsijad, kes etendavad oma osa, on ka sarnaseid mehekujulisi ingleid. Aga nende olemasolu mehe- või naisekujulise väljanägemisega inglitena ei tähenda, et neil oleks sugu. See tähendab lihtsalt, et nende välimus ja käitumine on tajutav mehe või naise omana.

Inglid teenivad Jumalat ja täidavad Jumala korraldusel oma ülesandeid. On palju erinevaid ülesandeid ja arvukaid ingleid.

Kõik inglid seisid troonil ja vanemate ja nelja olevuse ümber ning heitsid trooni ette silmili maha ja kummardasid Jumalat (Johannese ilmutus 7:11).

Ma nägin teist võimsat inglit maha tulevat taevast, riietatud pilve, ning tema pea kohal oli vikerkaar ning ta palged olid nagu päike ning ta jalad nagu tulesambad (Johannese ilmutus 10:1).

Eks nad kõik ole vaid teenijad vaimud, läkitatud abistama neid, kes ükskord pärivad pääste? (Heebrealastele 1:14).

Nende seas on ka ingleid, kellel on ainulaadne ülesanne vaimumaailmas ja samas on teisi ingleid, kes teenivad maapealseid jumalalapsi. Igale usklikule omistatud inglite arv erineb vastavalt igaühe pühitsuse määrale ehk vaimseks või terve vaimuga inimeseks saamise määrale. Inglite hierarhia on paika pandud ja sellest peetakse nende ülemate vaimse hierarhia kohaselt rangelt kinni. Samuti on inglid, kes on määratud igaühele, olgu tegu usklikuga või mitte. Need inglid salvestavad iga maapeal elava inimese iga üksiku sõna ja teo.

Kui inglitel on inimkuju, on keerubitel erinevate loomade laadsed kujud. Jumalat saatvad keerubid on eri loomakujudega, sarnanedes lõvile, kotkale ja lehmale või härjale. Laul 18:10 öeldakse: „Ta vajutas taeva ja tuli maha, ja Ta jalge all oli tume pilv."

Lohemaod, mida inimesed peavad väljamõeldud loomaks, olid tegelikult ühed keerubite seast. Jumala esialgu loodud lohemadu oli väga ilus ja armas ning Jumalale otsekui lemmiklooma eest. Sellel oli pehme karv ja käed ning jalad ja selle erinevad ilusad värvid olid kirjeldamatult kaunid. Lohemaod olid keerubite ülemaks ja neil oli väga palju väge ja meelevalda. Neile allusid tohutult paljud sõnumitoojad.

Keerubite seas on „neli elavat olendit". Nad näevad välja tahke terasmassi taolist tumedat värvi. Neli elavat olendit toovad Jumala käsul hädasid ja karistust. Neist on näha Jumala väärikust ja meelevalda. Neil on üks pea, aga neli palet – inimese, lõvi, vasika ja kotka omad. Nad näevad välja, justkui neli inimest seisaksid ringis, selg ringi sees ja nägu väljaspoole pööratud.

Keskkohas on üles-alla liikuv leek. Kogu nende ihu on täis silmi ja nad jälgivad kõike.

Kui Jumal lõi inglid ja keerubid, ei andnud Ta neile inimesele kuuluvat vaba tahet. Inglid kuuletusid lihtsalt hierarhia alusel antud Jumala käskudele. Isegi tänapäeval valitseb Jumal nende inglite ja keerubite kaudu kogu universumi.

Vaimumaailm on hästi organiseeritud ja süstematiseeritud.

Piiblis mainitakse ka taevavägesid ja peaingleid. Luuka 2:13 öeldakse: „Äkitselt olid koos inglitega taevased väed Jumalat kiitmas." Taevased väed on taevane sõjvägi.

Samuti öeldakse 1. Tessalooniklastele 4:16: „Sest Isand ise tuleb sõjahüüu, peaingli hääle ja Jumala pasuna saatel alla taevast ning esmalt tõusevad üles surnud, kes on läinud magama Kristuses." Peainglite olemasolu räägib meile, et inglite maailmas valitseb kord.

Peainglid otsivad iga külje läbi, tegutsedes otsekui Jumala käed, jalad, silmad ja kõrvad. Nad saavad ka käskusid ja annavad Jumalale otseselt aru. Nende ministrite sarnaste peainglite alluvuses on arvukad neid toetavad inglid. Peainglid ei juhi kõiki neile alluvaid ingleid; teatud inglite üksusi juhivad teised juhtinglid. Kui selles süsteemis korraldus antakse, edastatakse see korrektselt ja kõik aruanded on täiesti veatud. Kuigi protsessis on mitmeid etappe, teostatakse see otsekohe.

Jumal suudab troonil olles inglite abiga iga maapealset inimest valitseda ja läbi uurida. Muidugi on Jumal kõigeväeline ja suudab kõike ise läbi uurida. Sellegipoolest annavad inglid otseselt Jumalale aru nähtu ja läbivaadatu kohta. Sel viisil ei ole inglid vaid teataja rollis, aga ka oma aruannete tunnistajateks. See teeb mingi asja üle kohut mõistva Jumala kohtuotsuse veelgi õiglasemaks.

Näiteks me võime rääkida karistusest, mis tabas Soodomat ja Gomorrat. 1. Moosese raamatus 19:1 öeldakse: „Ja need kaks inglit jõudsid õhtul Soodomasse." Jumal saatis enne Soodoma ja Gomorra karistust oma kaks inglit taas kõike läbi uurima. Ja sealsed inimesed tegid väga mässulisi tegusid. See tähendab, et nad püüdsid isegi neile inglitele kahju teha. Lõpuks Jumal karistas Soodomat ja Gomorrat tulega.

Gaabriel ja Miikael on tuntuimad peainglid. Gaabriel on sõnumitooja, kes näib edastavat erilist ilmutust või Jumala sõnu. Ta on suur ja väärikas ja kannab Jumala ilmutust sisaldada võivate suurte varrukatega kuube. Nii nagu kuninga käsku edastaval ministril on sümbol, kannab ka Gaabriel kuningliku pitseri tähise sarnase mustriga rüüd.

Peaingel Miikael on nagu sõjaväe ülemjuhataja ja tal on väärikas pilk. Ta kannab relvastatud rüüd, ta vöökohas on rihm, mille vahel võib palju eri relvi hoida. Vaimumaailmas tähendab relvade omamine, et Jumal andis talle meelevalla vaimsetes lahingutes võitlemiseks. Erinevat liiki sümboolsed relvad võetakse ägedas lahingus kasutusele.

On olemas ka kaks hiiglaslikku peainglit. Neil on naiselikud jooned ja suur vägi ja meelevald. Tavaliselt nad ei naera. Nende ilmumisega kaasnevad Jumala vägevad teod. Nad on väga pikad, seega isegi kui nad seisavad kõrge laega hoones, võib lihtsalt näha nende rüü äärt. Me ei suuda nende pikkust mõõta, sest vaimumaailmas on füüsilisest maailmast täiesti erinev mõõtmise mõiste.

Jumalale otseselt kuuluvad kolm peainglit

Paljudele inglitele lisaks lõi Jumal mõned inglid oma otsese valitsuse alla, et need teeniksid isiklikult Teda. Need olid kolm peainglit, Lutsifer kaasa arvatud. Neil oli teiste peainglite sarnane positsioon ja väärikus, aga ka väga eriline meelevald.

Üldjoontes ei antud vaimsetele olenditele vaba tahet. Nad võisid vaid Jumalale tingimusteta kuuletuda. Aga neile kolmele Jumalale otseselt kuuluva peainglile andis Jumal erandlikult inimlikkuse ja vaba tahte, mis võib olla vaid inimolenditel. Jumal lõi nad inimlikkusega ja Teda armastama, olgugi et nad ei saa olla täpselt inimese kasvatamise kaudu saadavate jumalalaste taolised. Jumal lasi neil Teda südamest teenida ja oma vabast tahtest Temaga rõõmu ja õnnetunnet jagada.

Kolmel peainglil oli naiselik välimus ja leebe, tasane ja hea süda. Nende suust lähtuvad sõnad olid täis head lõhna ja nende käitumine oli elegantne. Aga igaühel oli veidi erinev iseloom. Lutsiferil oli ülejäänud kahest tugevam iseloom. Ta vastutas muusika eest ja oli oma ilusa hääle ja muusikariistadega Jumalale meelepärane. Jumalal oli tema kiitusest väga hea meel ja Ta armastas teda väga palju.

Ükskord Jumal näitas mulle Lutsiferi. Tal oli seljas suur imeilus kleiditaoline rüü, mis oli väärtuslike kalliskividega kaunistatud. Ta juuksed olid ehitud allalangevate juveelidega, mis olid ta blondide juustega täiuslikus kooskõlas. Ta mängis suurepärast muusikariista. Kalliskivide kumisev heli ja kiituseheli segunesid ja levisid nagu tuulepuhang. Heli tõusis Jumalani ja oli väga ilus.

Aga kuna Jumal armastas teda väga ja ta koges pika aja jooksul suurt võimu, hakkas ta meelde kogunema kõrkus. Kui ta nägi kõiki asju, mida Jumal tegi ja Tema suurt meelevalda kogu vaimumaailma valitseda, tundis ta kadedust. Ta mõtles, et ta suudab Jumalast paremini hakkama saada ja ta meeles kasvas kõrkus. Lõpuks valmis tal plaan ennast Jumalast kõrgemale ülendada ja ta hakkas jõude koondama.

Lutsiferil oli väga suur vägi, nii et ta hakkas esialgu oma poolele koondama oma meelevalla all olevaid ingleid. Arvukate inglitega ühes ahvatles ta ka lohemadusid ja palju nende valitsuse aluseid keerubeid. Ta peibutas neid ja teeskles, et ta teostas Jumala heaks salajast ülesannet.

Lutsiferi nurjunud mäss

Jumal teadis Lutsiferi mõtlemist ja andis talle tagasipöördumise võimaluse. Jumal andis talle teada, millised tagajärjed olid mässul, üritades teda panna reaalsust nägema. Aga Lutsiferi meel oli juba kõrgiks muutunud ja ta ei pöördunud. Lutsifer mässas Jumala vastu ja sai lüüa. Ta aeti välja koos teda järgivate vaimsete olenditega ja vangistati sügavikku, mida tuntakse ka kui „põhjatut auku".

Jesaja 14:12-15 selgitatakse Lutsiferi mässu ja kaotust ja lõpptulemust:

Kuidas sa ometi oled alla langenud taevast, helkjas hommikutäht, koidiku poeg, tükkidena paisatud maha, rahvaste alistaja? Sina ütlesid oma südames: „Mina tõusen taevasse, kõrgemale kui Jumala tähed tõstan ma oma aujärje ja istun kogunemismäele kaugel põhjamaal. Ma lähen üles pilvede kõrgustikele, ma teen ennast Kõrgekõrgema sarnaseks." Aga sind tõugati alla surmavalda, kõige sügavamasse hauda.

Piiblis kirjutatakse ka Lutsiferile järgnenud inglitest. 2. Peetruse 2:4 öeldakse: „Jah, Jumal ei säästnud patustanud ingleidki, vaid tõukas nad põrgupimeduse soppidesse kinnipidamiseks kuni kohtuni." Juuda 1:6 öeldakse samuti: „Ning et Ta ingleidki, kes ei hoidnud kinni oma päritolust, vaid hülgasid oma eluaseme, säilitab pilkase pimeduse all jäädavais ahelais suure päeva kohtuni."

1. Moosese raamatus 1:2 räägitakse ka, mis juhtus vaimumaailmas enne selle maailma loomist. Seal öeldakse: „Maa oli tühi ja paljas ja pimedus oli sügavuse peal ja Jumala Vaim hõljus vete kohal."

Sellel salmil on nii vaimne kui füüsiline tähendus. See vihjab vaimumaailmas juhtunule ja ka füüsilises maailmas aset leidnud asjadele.

Vaimselt tähendavad sõnad „maa oli tühi", et Lutsiferi mäss segas hetkeks vaimset korda. „Maa" sümboliseerib „Lutsiferi valitsuse all olevat pimeduse maailma". Kuna Lutsifer ja talle järgnenud olendid rikkusid Jumala seatud korda, öeldakse, et maa oli tühi. Järgmisena öeldakse, et maa oli „paljas". See väljendab Jumala südant pärast armastatud Lutsiferi reetmist.

Aga mäss suruti varsti maha ja kurjad vaimud vangistati põrgu sügavaimasse osasse, sügavikku. Seda väljendatakse fraasiga „ja pimedus oli sügavuse peal". Jumal taastas korra ja rahu, pannes pimedusejõud sügavikku ja seda selgitatakse fraasiga „ja Jumala Vaim hõljus vete kohal."

Jumal lõi esimeses taevas maa

Esialgu kui maa loodi, polnud tingimused tänapäevaste taolised. Maal oli seismiline tegevus, vulkaanipursked ja maa laamade ja maakoore liikumine. Ka atmosfääris toimus palju erinevat tegevust.

Seega, seda maapealset ebastabiilset olukorda selgitatakse fraasis „...maa oli tühi ja paljas." Järgmiseks öeldi selles salmis „...ja pimedus oli sügavuse peal." See tähendab, et kui maa loodi esiteks, polnud meie galaktikas päikest, kuud ega muid tähti ja seega pimedus oli maa kohal. Kui Jumal täitis maad vajalike asjadega, andis Ta enesest parima. Nii nagu isa, kes ehitab ja täidab oma pere jaoks maja kogu südamest, varjas Ta kogu maad ja teostas oma loomistöö.

Seda protsesssi selgitatakse väljendusega „ja Jumala Vaim hõljus vete kohal." Sel ajal tuli Jumal ise maa peale alla. Ta taotles vete kohal hõljudes maa jaoks vajalikku ja seda, kuidas neid asju teha. Piiblis öeldakse, et Jumala Vaim liikus „vete kohal". Seal öeldakse, et sel ajal oli maa täiesti veega kaetud. Nii nagu loode kasvab üsas lootevees, oli maa kaua aega enne maapealse kuuepäevase loomise algust veega kaetud.

Kust siis tuli see kogu maad kattev vesi? See vesi oli Jumala troonilt voolav eluvesi. Jumal tegi tohutut vaimumaailma luues eluvee ja tõi selle vee maa peale. Ta kattis maa eluveega, et teha kõigile elusolenditele, kaasa arvatud inimolenditele, tulevikus maa peal elamiseks hea elukeskkond.

Me ei leia päikesesüsteemis ühtegi teist planeeti, kus oleks samapalju vett nagu maa peal. Tegelikult pole me kusagilt leidnud muud planeeti, kus oleks elu alalhoidmiseks piisavalt vett, kuna Jumal tõi eluvee ainult maa peale ja tegi põhikeskkonna elusolendite elu jätkamiseks.

Kui Jumal kattis maa eluveega, tahtis Ta, et kõik inimesed saaksid igavese elu Jumalas. Ta tahtis, et kõik maa peal elavad inimolendid tuleksid eluvee sarnaste selgete ja puhaste südametega tõeliste lastena esile.

Jumala ettehoole valguse ja pimeduse jaotamisel

Lõpuks alustas Jumal esimest loomispäeva. 1 Moosese 1:3-4 öeldakse: Ja Jumal ütles: „Saagu valgus!" Ja valgus sai. Ja Jumal nägi, et valgus oli hea, ja Jumal lahutas valguse pimedusest. Jumal ütles: „Saagu valgus!" Siinne valgus on vaimne ja see valgus lähtub Jumala troonilt. Selles on Jumala vägi ja jumalikkus. Jumal kattis selle valgusega maa ja rajas maa alused, et see ei oleks paljas ja tühi, vaid toimiks korrapäraselt ja süstemaatiliselt.

Siis öeldakse 1. Moosese raamatus 1:4-5: „Ja Jumal nägi, et valgus oli hea, ja Jumal lahutas valguse pimedusest. Ja Jumal nimetas valguse päevaks ja pimeduse Ta nimetas ööks. Siis sai õhtu ja sai hommik – esimene päev." Ta käskis valgusel tekkida ja sellega rajati maa peal põhikord ja loodusseadused ja seega toimis maa ka päikese ja kuuta, otsekui oleksid need olemas olnud. Teiste sõnadega, maapealne päev ja öö ei tehtud päikese ja kuu abil. Jumal oli juba päeva ja ööd puudutava korra ja reeglid kehtestanud ja hiljem loodi päeva ja öö valitsemiseks päike ja kuu.

Aga päeva ja öö eraldamisel oli füüsilisest eraldamisest palju tähtsam vaimne tähendus. See tähendab, et loomise esimesel päeval Jumal lasi Lutsiferi ja mõned langenud inglid sügavikust lahti ja siis moodustus kurjade vaimude maailm. Jumal teadis, et inimese kasvatamiseks oli vaja vaimset valgust ja pimedust, samamoodi nagu kogu maapealne kulgeb päeva ja öö tsüklis. Ta planeeris kõik isegi enne ajastute algust ja õige aja saabudes andis Ta Jumala reetnud Lutsiferile meelevalla, et teha temast pimeduse valitseja.

Aga see ei tähenda, et Ta oleks andnud neile tohutu universumi peremehe ja omanikuks oleva Jumala meelevallaga sarnase meelevalla. Jumal lasi tal saada vaimsed olendid ja kurjade vaimude maailma korra ja süsteemi ainult inimese kasvatamise jaoks, et inimese kasvatamine sünniks ausalt ja õiglaselt. Tegelikult kuulus pimeduse valitseja Lutsifer valgusesse, aga ta lahkus sealt ja korrumpeerus. Ta kuulub ikkagi Jumala ülima väe ja meelevalla alla.

Jumal lubas teise taevasse pimeduseruumi

1. Moosese raamatus 1:6-8 öeldakse: „Ja Jumal ütles: „Saagu laotus vete vahele ja see lahutagu veed vetest!" Ja nõnda sündis: Jumal tegi laotuse ja lahutas veed, mis olid laotuse all, vetest, mis olid laotuse peal."

Jumal stabiliseeris inimese kasvulavaks saava maa oma troonilt välja voolava eluveega. Siis lõi Ta laotuse. Maapealne taevalaotus tähistab valmistatud atmosfääri. Siis lahutas Jumal maad katva vee laotuse all olevaks ja selle peal olevaks veeks.

Laotuse all olev vesi jäi maa peale. Loomise kolmandal päeval kogunes vesi ühte kohta ja moodustas ookeani, millest sai muude veekogude nagu näiteks maapealsete jõgede ja järvede moodustumise allikas. Laotuse kohal olevat vett kasutati meteoroloogilisteks nähtusteks nagu näiteks pilvede moodustumiseks ja sademeteks, aga see vesi oli peamiselt Eedeni aias kasutamiseks.

Kui Piiblis räägitakse „laotusest", ei tähistata sellega nähtavat taevast. 1. Moosese raamatu 1. peatükis öeldakse, et kõik, mida Jumal kuuepäevase loomise ajal tegi, oli „hea", välistades teise päeva. Teisel päeval ei kutsunud Jumal tehtut „heaks", kuna Ta lasi siis teises taevas kurjade vaimude jaoks pimeduse maailmal moodustuda, sest neile anti „õhuvald" ja hiljem kasutati neid inimese kasvatamise protsessis.

Efeslastele 2:2 öeldakse: „...milles te varem käisite selle maailma ajastu viisil, vürsti viisil, kellel on meelevald õhus, vaimu viisil, kes nüüdki on tegev sõnakuulmatute laste seas." See räägib meile, et pimeduse ruum, kus kurjad vaimud viibivad, on „õhus". See ruum külgneb Eedeni aiaga ja asub sellest idas. Seal elavad kurjad vaimud kuni inimese kasvatamise lõpuni.

Muidugi on ka Eedeni aed teises taevas, nagu ka inimese kasvatamise lõpu järgselt toimuva seitsmeaastase pulmasöömaaja ruum. Aga kuna siis moodustati pimeduseruum, kus kurjad vaimud said valitseda, ei öelnud Jumal, et teisel päeval tehtu oleks „hea" olnud.

Kurjade vaimude maailm

Enne pimeduse maailma valitsejaks saamist nägi ja õppis Lutsifer Isa Jumalaga väga lähedane olles palju asju. Ta nägi, kuidas Jumal valitses tohutut vaimumaailma inglite ja keerubite abil ja ta jäljendas Jumala teid kurjade vaimude maailma moodustamisel. Ta rajas kaks käsuahelat käskude edastamiseks ja pimedusemaailma valitsemiseks. Üks on lohemadude käsuahel ja teine on saatana ja kuradi vaimude käsuahel.

Esiteks andis Lutsifer lohemadudele sõjaväekindralite laadse praktilise meelevalla ja organiseeris neile alluvad inglid nende tegevust toetama. Neli lohemadu, kellel on „õhu meelevald" valitsevad pimeduses olevaid inimesi, et neid kummardataks. Lohemaid tungivad ebajumalakummardamise paikadesse, mille tulemusel inimesed kummardavad neid.

Lutsifer valitseb kõike „ekraanitagust", tegutsedes saatana kaudu. Saatan valitseb Lutsiferiga sama südame ja mõtetega inimeste ebatõeseid mõtteid. Saatanal pole kehalist kuju ja ta näeb välja tumeda suitsu kujuline. Sel põhjusel on saatana tegude vastu võtnud inimeste nägu ümbritsemas midagi tumeda pilve taolist. Mõne inimese puhul katab tume suits kogu nende ihu peast jalgadeni.

Ja see on inimesi valemõtteid teoks tegema ässitava kuradi töö. Mõned langenud inglid vabanesid ja tegutsevad kuradi vaimudena. Kurat teeb inglitele vastupidist ja on riietatud täiesti musta.

Kui inimene teeb kuradi õhutusel kurja, allutavad deemonid ta lõpuks sel määral, mil ta annab neile oma südame. Deemonid on kurjad vaimud, aga nad ei ole inglite taolised vaimolendid, kelle Jumal tegi. Nad olid kunagi inimolendid, kes elasid maa peal. Mõned pääsemisele tulemata surnud inimesed tulevad erijuhtudel maa peale ja tegutsevad kurjade vaimude tööriistadena.

Kurjade vaimude maailm moodustati nende juhi Lutsiferiga ja nad häirivad Jumala tööd. Nende pingutused on pühendatud veel ühe hinge põrguteele juhatamisega. Jumal andis Lutsiferile ja kurjadele vaimudele pimeduse väe, et saada inimese kasvatamise kaudu tõelisi lapsi. Tõelised lapsed elavad Valguses ja tões ning on Jumala sarnased. Nad usuvad Jumalat, Päästjat Jeesust Kristust ja armastavad Jumalat ja kuuletuvad Talle oma vabast tahtest.

Kurjade vaimude maailma võib samastada põllumehe põllule pandava väetisega. Keemilised väetised on toksilised ained ja alla neelamise korral inimestele kahjulikud. Aga kui neid viljadele panna, aitavad nad head viljasaaki saada. Samamoodi võime me selgelt võrrelda Jumalale vastu seisva ja jumalalapsi pattu tegema juhatava Lutsiferi ja kurjade vaimude tegevust ja näha, kui rüve on pimedus ja kui väärtuslik on Valgus. Siis hakkame me Valgust üha enam igatsema ja soovime Valguse lasteks saada. Järelikult aitavad Lutsifer ja kurjad vaimud Jumalal inimest kasvatada.

Jumal andis inimestele vaba tahte kaudu valikuvõimaluse, et nad võiksid ise valguse ja pimeduse vahel valida. Jumal on valguses ja Teda armastavate inimeste jaoks on Valguses ja Jumalale lähemal oleku soov loomulik. Jumal saab selle protsessi kaudu omale tõelisi lapsi. See on inimese kasvatamise protsess. Jumal on tõeline Valgus ja need, kes pöörduvad pimedusest ja lähevad Valgusesse, hakkavad Jumalale sarnanema. Neid inimesi kutsutakse tõelisteks jumalalasteks, kes elavad Isandaga valguseruumis igavesti ja kes kogevad Jumala igavest õnne ja au.

Teises taevas on ühtlasi nii valguse kui ka pimeduse alad

Jumal valitseb valguseruumi. Valguseruum sisaldab teises taevas asuvat Eedenit, kolmandas taevas olevat taevariiki ja neljandat taevast, mis on Jumala algupärane ala.

Teises taevas asuvad samaaegselt valguse ala ja pimeduse ala. Nii nagu ülalpool selgitatud, eraldas Jumal loomise esimesel päeval valguse ja pimeduse. Lutsifer ja kurjad vaimud vabastati esimesel päeval ja nad hakkasid teise taeva pimedusealas elama loomise teisest päevast alates. Jumal lasi neil inimese kasvatamise ajal viibida selles teise taeva pimedusealas.

Aga missugused valguseruumid on teise taeva valguse alas?

Üks neist on Isanda poolt ettevalmistatud seitsmeaastase pulmasöömaaja koht. Päästetud hinged, kes on inimese kasvatamise vili, osalevad tulevikus sellel pidusöömaajal. 1. Tessalooniklastele 4:17 öeldakse: „Pärast kistakse meid, kes me oleme üle jäänud elama, ühtviisi koos nendega pilvedes üles õhku Isandale vastu, ja nõnda me saame alati olla koos Isandaga." Selle salmi „õhk" on teise taeva valguseala.

Teine valguseala on Eedeni aed. Paljud inimesed arvavad, et see oli maapealne aed. Seega, mõned neist otsisid seda Iisraelist ja Lähis-Ida muudest piirkondadest. Aga keegi pole siiani Eedeni aiast jälgegi leidnud, kuna Eedeni aed ei olnud maapealne, vaid asus teises taevas, mis on vaimumaailmas.

Jumal tegi esimese maapealse inimese Aadama ja viis ta hiljem Eedeni aeda, kuna Aadam tehti maapõrmust, aga ta ei olnud füüsiline olend. 1. Moosese raamatus 2:7 öeldakse: „Ja Isand Jumal valmistas inimese, kes põrm oli, mullast, ja puhus tema ninasse eluhinguse: nõnda sai inimene elavaks hingeks." Aadamast sai Jumala eluhinguse tõttu elusolend, elav vaim. Selle Aadama jaoks, kes oli vaimolend, ei sobinud füüsiline ruum, vaid Eedeni aed, mis oli teises taevas asuv vaimne ruum.

Eedeni aed on vaimne maailm, kuid see erineb kolmandas taevas olevast taevariigist. See on vaimne maailm, aga kui sealsed inimesed tuleksid maa peale alla, võiksime me neid näha ja puudutada. Eedeni aia keskkond sarnaneb maapealsele, aga taimed ja loomad ei sure ega hävine kunagi, sest tegu on vaimumaailmaga, mis on täiesti selge ja puhas ja sealne looduslik keskkond säilub oma olemasoleval kujul. Me ei suuda ette kujutada, kui tohutult suur see ala on. Kuna Aadam oli elav vaim, tegi Jumal maale lisaks ta jaoks selle teises taevas asuva Eedeni aia.

Kolmas ja neljas taevas

Kolmas taevas on koht, kus asub taevariik. Seal asub Jumala troon ja see on ruum, kus Jeesuse Kristuse kaudu päästetud jumalalapsed elavad igavesti. Apostel Paulus viidi kolmandasse taevasse ja ta nägi paradiisi. Lisaks, Johannese ilmutuse 21. peatükis andis apostel Johannes Uue Jerusalemma linna kohta üksikasjalikke selgitusi. Me näeme, et taevariik ei ole ühe avatud ruumi taoline, vaid seal on palju eri kohti.

Esiteks, paradiis, mida apostel Paulus nägi, on koht, kus elavad need usklikud, kel oli usku vaevu pääsemise vastuvõtmiseks (Luuka 23:42-43). Neist suurema usuga inimesed lähevad esimesse taevariiki ja veelgi suurema usuga inimesed lähevad teise taevariiki.

Igasugusest kurjast vabanenud ja pühitsetud inimesed lähevad kolmandasse taevariiki. Need, kes ei vabanenud vaid kogu kurjast, aga kes said ka Jumalale meelepärase usu ja kes said nimelt täieliku vaimu, lähevad Uude Jeruusalemma, kus asub Jumala aujärg. Kolmanda taeva eri kohtade seast särab Uus Jeruusalemm kõige eredamalt. Uuest Jeruusalemmast eemaldudes eredus väheneb. Kõige vähem on eredust paradiisis, aga esimest taevast, kus me elame, ei saa ikkagi sellega võrrelda. See on ikkagi eredam ja ilusam, kui teises taevas asuv Eedeni aed.

Neljas taevas on ruum, kus Jumal oli alguses üksinda. See ruum on vaid Kolmainu Jumala päralt. Algse üheks valguseks koondunud Jumala asukoht on neljandas taevas, mis on algse universumiga samas mõõtmes. Esimeses, teises ja kolmandas taevas on vastavalt erinevad ajavood. Aga neljandas taevas võib öelda, et ajavoog on vaevu olemas ja seal ei ole ajapiirangut. Samuti, Jumal võib teha seal, mida iganes Ta tahab ja see tähendab, et seal poleks ka ruumipiirangut.

Keegi peale Kolmainu Jumala ei saa meelevaldselt sinna ruumi minna. Ainult paar peainglit ja väga erilist isikut Uues Jeruusalemmas olijaist võivad Jumala loal sellesse ruumi minna. Mitte keegi ei saa Jumala loata selle ruumi lähedalegi minna. Kui keegi läheb sinna ruumi Jumala loata, tema vaim hajub ja läheb suitsutaoliselt laiali.

Siiani me oleme vaadanud tohutut vaimset ruumi. Jumal jagas oma tõeliste laste saamise plaani ühe osana esialgse ruumi esimeseks, teiseks, kolmandaks ja neljandaks taevaks. Nii nagu on olemas korruselaadsed „taevaruumid", on olemas ka

„maaruumi" kuuluvad korruselaadsed ruumid. Seal on ülahaud, alahaud, põrgu ja sügavik.

Ülahaud ja alahaud

Jumal peab „Taeva" all silmas kohta, mis kuulub Jumalale ja „maa" all silmas saatanale kuuluvat kohta. Aga ülahaud on erandiks.

Päästetud jäävad enne paradiisi ootekohta minekut kolmeks päevaks ülahauda. Ülahaud kuulub vaimumaailmas „taeva" asemel pigem „maa" juurde. Aga see ei tähenda, et see kuuluks pimedusele. Ülahaud on ka Jumalale kuuluv valguseala ja vaelane kurat ja saatan ei saa sinna minna. See erineb selgelt pimedusejõudude valitsuse all olevast alahauast. Ülahaud on tõe ja valguse ala.

Aga seda kutsutakse ikkagi „maa" juurde kuuluvaks, sest see pole parem isegi teises taevas asuvast Eedeni aiast. Sel põhjusel öeldakse Piiblis kohtades, kus räägitakse päästetute ülahauda minekust, et nad lähevad „alla", mitte „üles".

1. Moosese raamatus 37:35 öeldakse: „Kõik ta pojad ja tütred püüdsid teda trööstida, kuid ta ei lasknud ennast trööstida, vaid ütles: „Ma lähen tõesti leinates oma poja juurde hauda!" Ja tema isa nuttis teda taga." „Haud" ei tähista siin pääsemisele mitte tulnud hingedele tehtud alahauda, vaid päästetute jaoks tehtud ülahauda.

Samuti öeldakse 1. Saamueli 28:12-13 öeldakse: „Aga kui naine nägi Saamueli, siis ta kisendas kõvasti; ja naine rääkis Saulile, öeldes: „Miks sa mind petsid? Sina oled ju Saul!" Aga kuningas ütles temale:"Ära karda! Ütle ainult, mida sa näed!" Ja naine ütles Saulile: „Ma näen jumalat maa seest üles tõusvat." Selles kohas oli selgeltnägijast naine üllatunud, kui ta nägi surnud Saamueli. Saamuel oli ülahauas ja sellepärast naine ütles, et ta tõusis maa seest üles.

Muidugi ei kutsunud see selgeltnägija tegelikult Saamueli vaimu esile. Nõidadel ega selgeltnägijatel ei ole Jumalaga suhtlemiseks ega surnu vaimu esile kutsumiseks väge. Nad võivad lihtsalt kontakteeruda pimeduse vallaga ja deemoneid esile kutsuda.

Aga see oli eriolukord. Jumal tõi spetsiaalselt ülahauas olnud Saamueli välja ja lasi neil Jumala tahet teada saada. Jumal oli juba Sauli sõnakuulmatuse tõttu hüljanud, aga kuna ta oli ikkagi Iisraeli kuningas, andis Jumal talle erilist armu ja mäletas, et Saamuel palvetas Sauli eluajal tema eest leinates ja pisarais, et ta pöörduks oma kurjadelt teedelt ja sõnakuulmatusest.

Saamuel oli ülahauas, kuna Jeesus polnud veel ristile läinud. Alles pärast Jeesuse ristisurma ja ülestõusmist viis Ta ülahauas olevad hinged paradiisi ootekohta. Enne Jeesuse ülestõusmist viibisid päästetud hinged ülahauas usuisa Aabrahamiga, kes kandis selle koha eest hoolt. Sellepärast öeldakse Piiblis, et päästetud hinged lähevad „Aabrahami sülle". Luuka 16:22

öeldakse: „Siis sündis, et vaene suri, ja inglid kandsid ta Aabrahami sülle. Aga ka rikas suri ja maeti maha."

Piiblis ei tehta ülahaua ja alahaua vahel selget vahet ja öeldakse lihtsalt, et inimesed lähevad hauda ehk surmavalda. Aga tähendamissõnas rikkast mehest ja vaesest Laatsarusest rääkis Jeesus eri kohtadest päästetute ja päästmata hingede jaoks. Laatsarus oli päästetud ja läks Aabrahami sülle ehk ülahauda ja see koht erineb alahauast, kuhu läks rikas mees. Mõlema koha vahel on suur kuristik ja hinged ei saa seda teisele poole minekuks ületada. Kui vaimumaailma taeva ja maa mõiste abil selgitada, võib öelda, et ülahaud kuulub maa juurde, aga on kindlalt Jumalale kuuluvas valgusealas.

Põrgus on tule- ja põleva väävli järv

Pimedusealas on alahauale lisaks ka tulejärv ja väävlijärv (põleva väävliga). Kui päästmata hinged surevad, kannatavad nad alahauas ja lähevad pärast suurt kohtumõistmist tulejärve või põlevasse väävlijärve. Kohut mõistetakse veatult päästetute nimedega eluraamatu ja igaühe tegudest kirjutavate muude raamatute alusel.

Johannese ilmutuses 20:12-15 räägitakse, kuidas kohut mõistetakse:

Ja ma nägin surnuid, suuri ja pisikesi, seisvat trooni ees, ning raamatud avati. Teine raamat avati, see on eluraamat. Ja surnute üle mõisteti kohut sedamööda, kuidas raamatuisse oli kirjutatud, nende tegude järgi. Ja meri andis tagasi oma surnud ning surm ja surmavald andsid tagasi oma surnud ning igaühe üle mõisteti kohut tema tegude järgi. Ja surm ja surmvald visati tulejärve. See on teine surm – tulejärv. Keda iganes ei leitud olevat eluraamatusse kirjutatud, see visati tulejärve!

„Surnud" tähistab neid, kes pole veel Jeesust Kristust vastu võtnud või kelle usk on surnud. Nad seisavad kohtumõistmiseks Jumala trooni ees ja raamatud avatakse. Peale päästetute nimesid sisaldava eluraamatu on ka teisi raamatuid, kuhu kirjutatakse päästmata inimeste iga üksik tegu. Inglid ei pane kirja vaid kõiki inimeste tegusid, aga ka kõik nende mõtted ja kogu südames ja meeles oleva varjatu sünnist surmani. Päästmata inimeste üle mõistetakse kohut raamatutesse kirja pandud pattude tõsiduse alusel ja nad saavad igavese karistuse osaliseks.

„Meri" viitab inimese kasvatamise staadiumile, mis leiab aset selles maailmas. Seega tähendab väljendus „meri annab tagasi oma surnud", et neid kasvatati maa peal. Samuti tähendab see, et maailm annab kohtumõistmiseks ära oma surnud füüsilised ihud. Kui inimesed surevad pääsemisele tulemata, pannakse nende vaim alahauda kinni, samas kui nende ihudest saab kusagil maapealses kohas peotäis põrmu. Aga Viimasel Kohtupäeval riietuvad alahauas viibinud vaimud kohtumõistmiseks kohastesse ihudesse.

Samuti öeldakse seal „ja surm ja surmavald andsid tagasi oma surnud". See tähendab, et alahauas olijad ja oma pattude tõttu igavese surma kannatajad seisavad kohtumõistmiseks Jumala ette. Kuni suure valge trooni kohtu toimumiseni karistatakse neid alahauas eri viisidel – putukate või loomade abil lõhkirebimisega või põrgu sõnumitoojate poolt piinamisega.

Pärast suurt kohtumõistmist lähevad nad kas tulejärve või põlevasse väävlijärve (Johannese ilmutus 21:8). Tulejärves tuntav valu on alahauas tekitatavast valust võrreldamatult valusam. Nad kannatavad ja neid soolatakse tulega, kus „NENDE USS EI SURE JA TULI EI KUSTU" (Markuse 9:47-49). Põlev väävlijärv on koht neile, kes tegid tõsiseid patte – pilkasid Püha Vaimu ja lõhestasid Püha Vaimu tööd. See on tulejärvest seitse korda tulisem.

Sügavik

Sügaviku sügavaim osa on süvik, kuhu lähevad kurjad vaimud. Pärast Isanda tagasitulekut õhus on päästetud jumalalastel õhus seitsmeaastane pulmasöömaaeg. Sama ajavahemiku jooksul on maa peal viletsuseaeg. Õhus olnud kurjad vaimud aetakse maa peale ja nad võtavad võimust. III Maailmasõda pühib maailma ära ja maa peal leiavad aset suured põrgulaadsed tragöödiad.

Pärast seitsmeaastase suure viletsuseaja lõppu vangistatakse kurjad vaimud sügavikku ja maa peale tuleb tuhandeaastane rahuriik.

Seitsmeaastase pulmasöömaaja õhus läbinud jumalalapsed tulevad Isandaga maa peale ja valitsevad Temaga tuhat aastat (Johannese ilmutus 20:4). Seitsmeaastasest viletsuseajast laastatud maa tuleb selleks ajaks ilusa keskkonna saamiseks täielikult uuendada. Tuhandeaastase rahuriigi lõpuetapis lastakse kurjad vaimud taas Jumala ettehooldest korraks lahti, aga pärast suure valge trooni kohtumõistmist pannakse nad taas sügavikku kinni.

Kuni suure valge trooni kohtueelse ajani valitseb Lutsifer oma sõnumitoojatega alahauda, aga pärast kohtumõistmist on alahaud ja põrgu vaid Jumala väe läbi tegev. Kurjad vaimud visatakse prahi moel sügavikku, kus tundub väga pime ja külm olevat. Nad vangistatakse olekusse, kus nad ei saa üldsegi liikuda, otsekui nad oleksid hiiglasuure kalju alla surutud. Langenud inglid heidetakse minema ja neilt eemaldatakse needuse ja häbi märgiks tiivad. Äraheitmine ei kõla nii õudselt kui valu ja põrgu karistused, aga see ei vasta tõele. Nii nagu surve muutub vees sügavamale liikudes üha suuremaks, muutub ka liha jõud põrgus sügavamale minnes suuremaks. Sügavik on põrgu sügavaim osa ja kogu lihalik energia koondub sinna kohta. Sügavikku minek on palju hirmsam ja valusam karistus kui põrgu sõnumitoojate piinamine alahauas või tulejärve või põleva väävlijärve valu talumine.

Kujutage ette, et te olete vangistatud kohta, mis on tahke betoonploki moodi ja te ei saa üldsegi liigutada. Te olete teadlik, aga ei saa hingata ega isegi silma pilgutada. Te olete elav fossiil. Fossiilses olekus peate te taluma eriliiki valu, meeleheite jõudu ja survet, mis surub teid maha, otsekui teid lõhkema pannes.

Jumal armastas Lutsiferi enne tema korrumpeerumist väga, aga ta on Jumalale vastumineku tõttu igavese needuse küüsis. Jumal ei karistanud Lutsiferi kohe pärast ta korrumpeerumist. Temagi oli vaid loodud olend, seega Jumal oleks võinud ta kohe hävitada, aga Ta ei teinud seda. Selleks oli oma põhjus.

Põhjus seisneb selles, et me võime inimese kasvatamise ajal tänu pimedusevalitseja Lutsiferi olemasolule Jumala tõeliste lastena esile tulla. Me võime muutuda Jumala sarnasteks valguse lasteks, kui me oleme valvel ja palves ka siis, kui meie vaenlane kurat luurab mõirgav lõukoera kombel ringi, püüdes leida kedagi, keda alla neelata. Jumal tahab oma valguse lastega valguseruumis – Uues Jeruusalemmas igavest õnne jagada. Missugused on siis valguseruumi mineku tingimused?

2. peatükk

Valguse ruumi sisenemise tingimused

Valgus ja pimedus ei saa koos eksisteerida.
Valguseruumi minekuks
tuleb pimeduseprobleem lahendada.
Mida suurem osadus on meil Jumalaga, kes on Valgus
ja mida rohkem on meil Jeesuse Kristuse südant,
seda eredamasse valguseruumi me minna saame.

Jumal soovib valguselapsi

Tehke head vaimse südamega

Kandke usus õigsuse vilja

Kandke tegudes usuvilja

Valguse viljad viivad meid valguseruumi

Inimesed peavad pärast oma maapealase elu lõppu minema kas valguseruumi või pimeduseruumi. Kuna inimvaimu ei saa kustutada, peavad nad minema kas Taevasse või põrgusse.

Heebrealastele 9:27 öeldakse selle kohta: „Ja otsekui inimestele on seatud üks kord surra, pärast seda on aga kohus." Samuti öeldakse Johannese 5:29: „...need, kes on teinud head, elu ülestõusmiseks, aga need, kes on teinud halba, hukkamõistmise ülestõusmiseks." Maapealne elu ei ole lõpp. Ees seisab igavene elu ja kui meie füüsiline elu on läbi, jääb kaks valikuvõimalust: minna kas Taevasse või põrgusse.

Armastuse Jumal tahab, et igaüks saaks päästetud ja kogeks valguse alas õnne. 1. Peetruse 2:9 öeldakse: „Teie aga olete „valitud sugu, kuninglik preesterkond, püha rahvas, omandrahvas, et te kuulutaksite Tema kiidetavust", kes teid on kutsunud pimedusest oma imelisse valgusse."

Tehkem kindlaks, kas me võime minna Ta imelisse valgusealasse kuningliku preesterkonnaga.

Jumal soovib valguselapsi

Apostel Paulus räägib Jumalast järgmist: „Kellel ainsana on surem_atus, kes elab ligipääsmatus valguses, keda ükski inimene pole näinud ega suudagi näha. Tema päralt olgu au ja igavene võimus! Aamen" (1. Timoteosele 6:16). See tähendab, et Jumal viibib valguses ja Ta on igavene ja täiuslik. 1. Johannesele 1:5 öeldakse: „Ja see on sõnum, mida me oleme kuulnud Temalt ja kuulutame teile: Jumal on valgus, ja Temas ei ole mingit pimedust."

Jakoobuse 1:17 öeldakse samuti: „...kelle juures ei ole muutust ega varjutuste varju." Jumal on ise Valgus ja Ta juures ei ole isegi varjutuste varju. Sel põhjusel räägitakse Piiblis meile paljudes kohtades, et meiegi peame saama Jumala sarnasteks valguseinimesteks.

1. Tessalooniklastele 5:5 öeldakse: „Teie kõik olete ju valguse lapsed ja päeva lapsed. Meie ei ole öö ega pimeduse lapsed" ja Efeslastele 5:8-9 öeldakse: „Sest varem te olite pimedus, nüüd aga olete valgus Isandas. Käige nagu valguse lapsed – valguse vili on ju igasuguses headuses ja õigluses ja tões." Matteuse 5:14-16 öeldakse samuti: „Teie olete maailma valgus. Ei saa jääda märkamatuks linn, mis on mäe otsas. Ega süüdata ka lampi ja panda vaka alla, vaid lambijalale, nii et selle valgus paistab kõigile majasolijatele. Nõnda paistku teiegi valgus inimestele, et nad teie häid tegusid nähes ülistaksid teie Isa, kes on Taevas."

Valgus ja pimedus ei saa koos eksisteerida. Valguseruumi minekuks tuleb lahendada pimeduseprobleem.

Mis on nüüd pimedus, millest me peame valguselasteks saamiseks vabanema? Lihtsalt öeldes, pimedus tähistab kõike, mis puudutab pattu. Need on lihalikud asjad ja liha teod, mille kohta toodi täpsemad selgitused raamatu Vaim, hing ja ihu 1.köites.

Liha teod on patuteod ja lihalikud asjad on meeles ja mõtetes sooritatud patud. Näiteks, Roomlastele 1. peatüki alusel on kogu õelus, ahnus, kurjus ja kadedus ebaõiglusega seotud. Samuti, nii nagu Galaatlastele 5. peatükis on ebamoraalsus, rüvedus, kõlvatus, ebajumalateenistus, nõidus, vaen, riid, kiivus, raevutsemine, isemeelsus, lõhed, lahknemised, kadetsemine, purjutamised, prassimised „lihaloomuse teod".

On ka asju, mis ei tundu meile pimeduse taolised, aga mis on Jumala silmis kurjad. Nii nagu pimedus ei saa enne valgust olemas olla, paljastuvad pimeduse juurde kuuluv patt ja kurjus kui tõevalgus neile peale paistab. Valguseks oleva Jumala Sõnaga mõistame me pimedust viisil, millest me ise ei oleks aru saanud.

Jeesus selgitas näiteks oma peatset surma Jeruusalemmas ja Peetrus püüdis armastusest Teda peatada. Siis tõreles Jeesus temaga ja ütles: „Tagane, vastupanija!" (Matteuse 16:23).

Peetrus pidas Jeesuse peatamist oma kohuseks, aga Jumala silmis oli see pimedus. See oli Jumala tahe, et Jeesus löödaks risti ja et Ta teeks pääsemise tee. Selle noomitusega sai Peetrusest alandlik apostel, kes elustas pärast Püha Vaimu vastuvõtmist surnuid ja tõi tuhanded inimesed ainsa päevaga meeleparandusele.

Nii nagu selgitatud, tuleb valgusealasse minekuks pimeduse maailmast välja tulla ja valguse lapse kombel tegutseda. Vaatame lähemalt, mida me tegema peame.

Saavutage Jumala õigsus usus

Valguseruumi minekuks tuleb meil kõigepealt parandada meelt Jumalasse mitte uskumisest ja siis Jeesus Kristus vastu võtta. Kes iganes saab oma patud andeks Jeesuse Kristuse usu läbi, on valguseruumi mineku jaoks kõlbulik. Roomlastele 3:22 öeldakse: "see Jumala õigus, mis tuleb Jeesusesse Kristusesse uskumise kaudu kõigile, kes usuvad. Siin ei ole erinevust."

Samuti öeldakse Johannese 14:6: "Mina olen tee ja tõde ja elu. Ükski ei saa minna Isa juurde muidu kui minu kaudu." Roomlastele 10:9 öeldakse: "Kui sa oma suuga tunnistad, et Jeesus on Isand, ja oma südames usud, et Jumal on Ta üles äratanud surnuist, siis sind päästetakse."

Kui me tunnistame oma huultega, et Jeesus on Isand ja usume oma südames, et Jumal äratas Ta surnuist üles, tähendab see, et me usume risti ettehoolet ja ülestõusmise väge. Me nimelt usume, et Jeesus suri ristil meie - patustena oma pattude eest igavese karistuse osaliseks määratute eest ja Ta valas oma kalli vere, et meil kõigist pattudest lunastada.

Kui me seda tõesti usume, tunnistame me kõiki oma patte ja otsustame elada valguses tänu meie eest kannatanud Isandale. Jumal peseb niisuguste inimeste patud Isanda verega ära ja annab neile Püha Vaimu anni. Jumal tunnistab, et nad on Tema lapsed ja kirjutab nende nimed eluraamatusse (Johannese ilmutus 20:15, 21:27). Niiviisi võime me kogeda igavest elu valguseruumis Taevas, kui me tunnistame, et me ei elanud varem Jumala Sõna alusel, pöördume oma pattudest ja elame valguses.

Olge osaduses Jumalaga, kes on Valgus

1. Johannese 1:6-7 öeldakse: „Kui me ütleme: „Meil on osadus Temaga", kuid käime pimeduses, siis me valetame ega tee tõtt. Aga kui me käime valguses, nõnda nagu Tema on valguses, siis on meil osadus omavahel ning Jeesuse, Tema Poja veri puhastab meid kogu patust." Kui me võtame Jeesus Kristuse vastu ja saame Püha Vaimu anni, peame me Jumalaga osaduses oleva jumalalapse jaoks tõeks olevat Jumala Sõna tundma õppima ja seda oma ellu rakendama.

1. Johannese 2:3 öeldakse: „Ja sellest me tunneme ära, et oleme Teda mõistnud, kui me peame Tema käske" ja 1.

Johannese 3:23 öeldakse: „Ja see on Tema käsk, et me usuksime tema Poja Jeesuse Kristuse nimesse ja armastaksime üksteist, nii nagu Tema meile on käsu andnud."

Me ei pea vabanema vaid patutegudest, vaid ka oma südames olevast kurjusest, kuuletudes Jumala Sõnadele, millega meile öeldakse, mida me teha ei tohiks ja millest me peaksime vabanema. Samuti tuleb meil usinalt elada Jumala Sõna alusel, millega meid käsitakse rõõmustada, tänada, armastada, alanduda, teisi teenida ja käskudest kinni pidada. Niimoodi võime me kasvatada omale Jumala armu ja jõuga ning Püha Vaimu abiga Isanda südame.

Meie taevane eluase erineb vastavalt meie pühitsuse määrale ja vastavalt sellele, kui palju meist valgust lähtub, kui me oleme valguse Jumalaga osaduses vaimselt heaks inimeseks saanud. Seega, isegi kui me võtsime päästmise vastu ja saime valguseruumi sisenemiseks kõlbulikuks, tuleb meil pidevalt taevariiki vägivaldselt endale kiskuda, kuni me jõuame kõige kõrgema eesmärgini - Uue Jeruusalemma linna.

On teatud mõõdud, mille alusel me võime näha, mil määral me oleme saanud valguse lasteks. Need on: vaimne armastus, millest räägitakse 1. Korintlastele 13. peatükis; Püha Vaimu 9 vilja, millest räägitakse Galaatlastele 5. peatükis; õndsakskiitmised, mis on kirjas Matteuse 5. peatükis ja valguse viljad, millest räägitakse Efeslastele 5. peatükis. Süveneme nüüd sellesse, missugused on valguseruumi mineku tingimused, keskendudes valguse viljadele.

Tehke head vaimusüdamega

Efeslastele 5:9 öeldakse: „...valguse vili on ju igasuguses headuses ja õigluses ja tões.”

Headus tähendab ilusat südant, kus pole kurjust, vaid üksnes head omadused. Te teete häid tegusid abivajajatele; te ei tee teistele lihtsalt kahju; ja te kuuletute Jumala Sõnale ja annate endast parima kõiges, mida teile teha usaldatakse; te tunnete Looja Jumalat nii nagu me tunneme oma vanemate armu.

Maailmas peavad inimesed teid heaks, kui te ei vasta kurjale kurjaga, vaid talute seda. Aga kas teid saab tõesti heaks pidada, kui te tunnete oma meeles ikkagi ebamugavustunnet või vihkamist? Inimeste ja Jumala headus on väga erinevad. Headuse esimesel tasandil, mida Jumal tunnustab, ei tasuta kurjale kurjaga, vaid see ei valmista üldse mingit ebamugavustunnet.

Nii sündis Neitsi Maarja abikaasa Joosepiga. Matteuse 1:19 öeldakse: „Tema mees Joosep aga, kes oli õiglane ega tahtnud teda avalikult häbistada, võttis nõuks ta salaja minema saata.” Joosep pidi tundma end väga armetult, kui ta leidis oma kihlatu Maarja raseda, kuigi ta polnud Joosepiga koos maganud. Tavaliselt oleksid inimesed südames väga kannatanud või kihlatuga vaidlema hakanud. Aga Joosepi südames polnud kurja ja ta tahtis Maarja lihtsalt salaja maha jätta.

Teisel headuse tasandil ei puudu meil siis, kui keegi meile kurja teeb, üksnes ebamugavustunne, aga me suudame ka tema südant heade sõnade ja tegudega liigutada. Vaenlane kurat ja saatan ei saa niisugusele headusetasemele jõudnud inimesele mitte midagi teha.

Hoolimata sellest, et Taavet oli veatu, ajas kuningas Saul teda kaua taga, aga ühel päeval avanes Taavetile täiuslik võimalus Saul tappa. Taaveet oli lahingutes käinud ja maale võite toonud, aga Saul isegi ei tänanud teda, vaid oli tema peale armukade. Ta ajas oma sõjaväega Taavetit taga ja püüdis teda tappa.

Ühel päeval läks Saul koopasse, kus Taavet end varjas. Taavet oleks võinud ta tappa, aga ta lõikas üksnes Sauli kuueäärest tüki. Hiljem, kui Saul koopast lahkus, hüüdis Taavet Sauli ja ütles: „Vaata, nüüd sa nägid ju oma silmaga, kuidas Isand andis sind täna koopas minu kätte. Mulle öeldi, et ma su tapaksin, aga ma halastasin su peale, sest ma ütlesin: Mina ei pista kätt oma isanda külge, sest ta on Isanda võitu. " (1. Saamueli 24:11).

Taavet hüüdis teda tapmiseks taga ajavat Sauli. Ta hüüdis, kutsudes Sauli „mu isa" ja alandus tõeliselt. Ta tahtis tõesti Sauli südant tröösda, kutsudes end koeraks ja kirbuks ning ta ei kavatsenud Sauli tappa. Saul oli kuri, aga kui ta kuulis niisugust tunnistust, mis tuli headusest, tundis ta meeleliigutust ja valas pisaraid. 1. Saamueli raamatus 24:17-18 öeldakse: „Kas see on sinu hääl, mu poeg Taavet?" Ja Saul tõstis häält ja nuttis. Ja ta ütles Taavetile: „Sina oled minust õiglasem, sest sa oled teinud mulle head, mina aga olen teinud sulle kurja!"

Ta oli liigutatud ja läks lihtsalt koju. Kui me ei tasu kurja kurjaga, vaid heaga, ei saa saatan enam tegutseda ja isegi kurjad inimesed tunnevad meeleliigutust. Saul oli muidugi nii kuri, et kurjus naasis temasse hiljem taas, aga vähemalt sel hetkel lahkus kurjus Taaveti headuse valgel ja Saul lahkus.

Aga on olemas pelgalt teiste meeleliigutuse esilekutsumisest veelgi kõrgem headuse tase. Sel tasemel armastatakse isegi oma vaenlasi ja antakse oma elu ka nende eest, kes meile kurja teevad. See on oma ainusündinud Poja saatnud Jumala headus ja Jeesuse Kristuse headus. Tema on Jumala püha Poeg ja ometi andis Ta oma elu kogu inimsoo eest.

Me võime tunda seda headuse taset ka Moosese ja Pauluse kaudu. Kui Jumal tahtis kõik Iisraeli lapsed nende pattude tõttu hävitada, palus Mooses, et nad päästetaks, isegi kui see tähendas tema nime kustutamist eluraamatust (2. Moosese raamat 32:32). Apostel Paulus ütles: „Sest ma sooviksin pigem ise olla neetud ja Kristusest lahutatud oma vendade heaks, kes on mu veresugulased" (Roomlastele 9:3).

Stefanos suri märtrisurma, kui ta evangeeliumi kuulutamise ajal kividega surnuks visati. Temas ei olnud mingit halvakspanu, isegi kui ta visati He veatult surnuks. Selle asemel hüüdis ta valju häälega Isanda poole: „Isand, ära pane seda neile patuks!" (Apostlite teod 7:60).

Tänapäeval mõtlevad inimesed, et kui te olete aus või teiste vastu kena, kannate te ainult kahju ja teid koheldakse narrina. Aga Jumal on headus ise ja Ta kaitseb meid oma lõõmavate silmadega, Püha Vaimu tulemüüriga ja taevavägede ja inglitega, kui me headust järgime. Siis kaovad läbikatsumised ja katsumused ja me läbime need headusega ka siis, kui need esinema peaksid. See toob meid kõiges suuremate õnnistuste ja külluse sisse.

Muidugi, vahel peame me end ohverdama ja headuse järgmiseks jõupingutusi tegema. Aga head inimesed ei pea taolist raskeks. Neid pigem rõõmustab hea tegemine. Vaimne tugevus tähendab seda, et meis pole pattu ja meie vaimne valgus tugevneb kurjusest vabanemise ja headuse kasvatamisega võrdeliselt. Kui me jõuame sellele headuse tasemele, mida Jumal tunnustab, ei saa kuri meid me valguse tõttu isegi puudutada ja me suudame vaenlase kuradi ja saatana sepitsused hävitada (1. Johannese 5:18).

Saage õigsuse vili usus

Õigsus on teine valguse vili. Tavaliselt tähendab õigsus inimeluga õige asja eest seismist, omakasu taotlemata. Aga õigsus tões tähendab pattudest vabanemist, Piibli käsuseaduse pidamist ja jumalariigi ja selle õigsuse taotlemises Tema tahte kohaselt. Taaniel on suure õigsuse üks parimaid näiteid.

Taaniel pärines Juuda suguharu kuninglikust perekonnast. Ta viidi vangi 605. aastal e.m.a. kui Paabeli kuningas Nebukadnetsar tungis lõunapoolsesse Juuda kuningriiki. Kui Paabel värbas teiste rasside esindajate seast andekaid inimesi, valiti Taaniel koos ta kolme sõbraga samugi ja ta teenis kaua Paabeli kõrge riigiametnikuna. Kuigi ta oli vang, oli tal Paabelis tähtis amet ja teda tunnistati ka Jumala tõelise prohvetina, kuna ta toetus täielikult Jumalale ja pidas oma usust kinni.

Ta oli noor mees, kui ta läks esimest korda Paabeli kuninga ette. Teda tuli kolm aastat koolitada ja ta pidi alistuma ja aktsepteerima kuninga valitud toiduvalikut. Kuid ta kartis, et valitud toit oleks võinud ehk sisaldada Jumala poolt keelatud jäledaid roogi ja ta ei tahtnud seda süüa. Kuna ta oli vang, ei olnud tal tegelikult valikuvõimalust, aga ta vihkas ikkagi seda, mida Jumal vihkas ja keeldus sellest.

Selleks, et hoida usku Jumalasse ja end mitte rüvetada, palus ta ülevaatajalt, et ta võiks koos oma kolme sõbraga kuninga valitud roa asemel ainult taimetoitu süüa. Ta tegi ettepaneku kümme päeva katseks vaid aedvilju ja vett süüa. Kui ülevaataja võrdles teda kümme päeva hiljem teiste noormeestega, võis ta näha, et Taanielil ja ta kolmel sõbral oli teistest noormeestest parem välimus.

Jumal nägi nende usku ja õnnistas neid hämmastavalt. Taaniel 1:17 öeldakse: „Ja Jumal andis neile neljale noorele mehele igasuguses kirjas ja teaduses tarkust ja taipu, Taaniel mõistis aga igasuguseid nägemusi ja unenägusid." Salmis 20 öeldakse: „Ja kõigis teaduse ja tarkuse asjus, milles kuningas neid küsitles, leidis ta nad olevat kümme korda üle kõigist ennustajaist ja nõidadest, kes olid kogu ta kuningriigis."

Meedia ja Pärsia hävitasid Paabeli 539. aastal e.m.a. kuningas Nebukadnetsari poja kuningas Beltsassari valitsusajal. Paabeli asemele tuli uus riik – Pärsia keisririik. Pärsia kuningas Daarjaves tahtis Taanieli määrata kogu maad valitsevaks ministriks, sest Taanielil oli erakordne vaim. Taaniel oli vang, aga ka siis, kui riik ja kuningad vahetusid, oli tal suurim soosing.

Teised ministrid ja juhid olid tema peale kadedad ja püüdsid leida teed ta süüdistamiseks (Taaniel 6:4-5). Kuid nad ei leidnud tal mingit süüd olevat ja soovitasid, et kuningas annaks välja määruse. Nad tegid näo, et nad toetasid kuningat ja ütlesid, et kui keegi palvetab kellegi teise jumala või inimese poole, peale kuninga, viskavad nad selle inimese lõukoerte koopasse. See oli lõks, mille nad tegid spetsiaalselt Taanieli jaoks, teades, et ta palvetas kolm korda päevas Jeruusalemma poole avatud akendega ruumis.

Taaniel teadis olukorrast, kuid palvetas ikkagi kolm korda päevas põlvili olles (Taaniel 6:11). Ta oleks võinud kompromissile minna ja surma vältimiseks oma kuulsust ja võimu hoida, aga ta usaldas täielikult Jumalat. Lõpuks visati ta ettekirjutuse rikkumise eest lõukoerte koopasse, aga ta ei tundnud kuninga vastu ikkagi halvakspanu. Selle asemel ta õnnistas kuningat sõnadega „Kuningas elagu igavesti!" Ta tegi õigust, hoolimata oma olukorra raskusest.

Ta oli veatu ja ei olnud Jumala ega inimeste ees süüdi ja sellepärast ei saanud vaenlane kurat ega saatan talle mingite riugastega kahju teha. Jumal saatis oma ingli, et teda kaitsta. Ta tuli koopast elusalt välja ja austas Jumalat. Jumal soovib meilt õigsust, millega me püsime usus ja ei lähe ka surmaga silmitsi seistes kompromissile ja järgime headust tões, hoolimata sellest, kuidas teised meie suhtes käituvad.

Kandke oma tegudes tõesuse vilja

Kolmas valguse vili on tõesus. Tõesus tähendab muutumatust. See on ka puhtus, ausus ja süütus ilma valskuseta, kavaluseta või riukalikkuseta. Isegi kui te usinalt teete häid tegusid ja tunnistate oma usku, ei saa Jumal seda tõeliseks valguse viljaks pidada nii kaua kui te teete seda eneseupitamiseks. Teiste sõnadega, Jumal tahab meilt tõelist usutunnistust, tõelisi tegusid ja südamest lähtuvat muutumatut tõesust.

1. Moosese raamatu 22. peatükis võib näha, kuidas Aabraham kuuletus Jumala Sõnale, kui Jumal käskis ta oma poja Iisaki põletusohvriks anda. Varahommikul läks ta Iisakiga Jumala määratud maale. Ta ei kõhelnud üldsegi. Ta meeles ei olnud konflikti tema oma mõtete mängutuleku tõttu. Sel hetkel, kui ta hakkas Iisakit põletusohvriks tooma, ilmus Jumala ingel ja ütles,

et ta ei puudutaks noormeest. Jumal ütles: „...nüüd ma tean, et sa kardad Jumalat" (1. Moosese raamat 22:12).

Heebrealastele 11:19 öeldakse: „Sest ta arvestas, et Jumal võib ka surnuist üles äratada, seepärast ta saigi tema tagasi ettetähenduseks." Aabraham sigitas oma poja Iisaki Jumala väes Saaraga, kelle eostumise ja lapsekandmise iga oli ammu möödas. Seega Aabraham uskus, et Jumal elustab Iisaki pärast tema põletusohvriks toomist. Me näeme sellest sündmusest Jumala ja Aabrahami vahelise usaldussideme tugevust.

Paljudel teistel juhtudel võib näha, kui tõene oli Aabraham. Kui ta saabus oma nõbu Lotiga Peetelisse, oli ta karja ja kariloomade arv nii suur, et nende lambakarjused tülitsesid sageli. Siin alistus Aabraham oma nõbule, öeldes: „Eks ole kogu maa su ees lahti? Mine nüüd minu juurest ära, lähed sina vasakut kätt, lähen mina paremat kätt; lähed sina paremat kätt, lähen mina vasakut kätt." (1. Moosese raamat 13:9).

Lott läks omakasu taotledes Jordani väljale, kus oli piisavalt vett ja jõudis Soodomasse. Soodoma linna rünnati ja võeti palju vange. Uudiseid kuulates juhatas Aabraham oma alluvuses olevaid mehi ja tõi Loti ja Soodoma rahva tagasi. Soodoma kuningas pakkus talle varandust, aga ta keeldus sellest midagi võtmast (1. Moosese raamat 14:15-23).

Kui taevane tuli hävitas Soodoma ja Gomorra, pääsesid Lott ja tema kaks tütart tänu Aabrahami palvetele (1. Moosese raamat 18. peatükk). Samuti, kui Aabraham ostis oma naise Saara jaoks hauakoha, pakkusid hetid talle oma maad ja Makpela koobast, aga ta ostis selle õiglase hinna eest (1. Moosese raamat 23:16). Ta sai teise naisega palju lapsi ja ta andis neile kõigile oma eluajal kingitusi, et neil ei tekiks hiljem konflikte. Kõik see näitab Aabrahami tõesust.

Jakoobuse 2:23-24 öeldakse: „Nii läks täide kirjasõna, mis ütleb: „Aabraham uskus Jumalat ja see arvati talle õiguseks ning teda hüüti Jumala sõbraks.” Näete siis, et inimene mõistetakse õigeks tegude järgi ja mitte ainult usust.” Jumal on tõesus ise ja Ta õnnistas Aabrahami tema usutegude tõttu. Aabraham oli Jumala sõber ja hakkas elama Jumala trooni juures, kõige eredamas valguseruumis.

Valgusevili viib meid valguseruumi

Selleks, et heategusid valguseviljadena võtta saaks, peavad need sisaldama õigsust, mis on Jumala õigsus. Aga üksnes headusest ja õigsusest ei piisa. Neis peab olema tõesus. Seega, me saame valgusevilja kanda vaid siis, kui meil on kogu headus, õigsus ja tõesus.

Aga selleks, et valgusevilja täielikult kanda, tuleb meil läbida manitsemise kaudu pimedusest valgusesse mineku protsess, nii nagu räägitakse Efeslastele 5:11-13: „Ja ärge hakake pimeduse viljatute tegude kaasosaliseks, vaid pigem paljastage neid! Sest mida nad salajas teevad, seda on nimetadagi häbi. Aga kõik valguse poolt paljastatu saab avalikuks; sest kõik, mis saab avalikuks, on valguse käes. Seepärast on öeldud: „Ärka üles, kes sa magad, ja tõuse üles surnuist, siis särab sulle Kristus!"

Siin ei tähenda paljastamine vaid väärtegude eest manitsemist. Niisugune manitsus toob inimese pimedusest valgusesse. Vahel kui koguduseliikmed on oma pattude tõttu raskes olukorras, lasen ma neil trööstimise asemel mõista, miks nende elus on läbikatsumised või katsumused. Ma manitsen neid, sest nad ei ela tões. Aga ka siis, kui keegi ei manitse meid, tuleb meid iseendid valesti tegemise korral Jumala Sõna alusel manitseda.

Kui Jumal meie patud ja pimeduse paljastab ja neid näitab, teeb Ta seda armastusest. Armastuse Jumal tahab, et Ta lapsed elaksid täielikus Jumala valguses, et nad oleksid maa peal õnnistatud ja elaksid sellele lisaks tulevikus igavese taevariigi eredamas valguseruumis. Tollepärast peame me vabanema kõigest, mis kuulub pimeduse juurde ja arendama pühadust ja täiust, et me võiksime sarnaneda Jumalale, kes on Valgus (Matteuse 5:48; 1. Peetruse 1:16).

Apostel Paulus muutis end Damaskuse teel Isandaga kohtumisest alates Kristusele kuulekaks ja kuulutas evangeeliumi arvukatele paganatele. Ta ütles: „Ma suren iga päev, nii tõesti kui teie, vennad, olete mu kiitlemine, mis mul on Kristuses Jeesuses, meie Isandas." (1. Korintlastele 15:31).

Kui me vabaneme täielikult Jumala vastastest lihalikest mõtetest ja sureme igapäevaselt Isandale ja mõtleme vaimseid mõtteid nagu „Kuigas ma saan jumalariigi ja Tema õiguse oma elus teoks teha? Kuidas ma saan oma südant täielikule pühitsusele viia? Kuidas Taevasse rohkem hingi viia?", võime me kogeda täit rahu ja kanda rikkalikku valguse vilja.

Valguse vili ei ole lihtsalt igasugune headus, õigsus ja tõesus, vaid igasugune vili, mida me kanname Jumalaga osaduses ja Jeesuse Kristuse südamega olles, kus on vaimne armastus, õndsakskiitmiste vili ja Püha Vaimu vili. Me peame eneses kandma kogu seda vilja, et Uude Jeruusalemma minna. Kui mõni vili ei ole täiesti küps, kuigi teised on, ei vasta me Uude Jeruusalemma mineku tingimustele. Ma loodan, et kõik teist on usinad Jumala Sõna tegijad ja te vastate valguseruumi eredaimasse osasse mineku tingimustele.

2. osa

Vaim, hing ja ihu vaimuruumis

Taevaste eluasemete kategooriate kriteeriumid

Vaimses ruumis antud au

„Vaadake, ma ütlen teile saladuse: meie kõik ei lähegi magama, aga meid kõiki muudetakse, äkitselt, ühe silmapilguga, viimse pasuna hüüdes, sest pasun hüüab ja surnud äratatakse üles kadumatutena, ning meid muudetakse. Sest see kaduv peab riietuma kadumatusega ja see surelik riietuma surematusega." (1. Korintlastele 15:51-53).

1. peatükk

Erinevad eluasemed

Meile antud taevane eluase erineb
Jumalale sarnanemise
Ja Tema tahte kohaselt elamise määrale vastavalt
Taevariigis on erinevad eluasemed.
Mida parema taevase eluasemega on tegemist,
seda suuremat au ja õnne me võime seal kogeda.

Taevas on palju eluasemeid

Taevariik kannatab vägivalda

Taevaste eluasemete liigitamise põhjus

Paradiis, vaevu pääsenute eluase

Uus Jerusalemm, terve vaimuga inimeste eluase

Inimestel on kalduvus midagi uskuda ainult siis, kui nad seda oma silmaga näha ja kindlaks teha saavad. Aga paljusid asju ei saa tegelikult inimsilmaga kindlaks teha. Näiteks, tuult ja lillelõhna ei saa näha, aga need on olemas. On olemas ka vaimumaailm, mis on nähtavast füüsilisest maailmast suurema tasandi mõõtmes. Ei ole õige vaimumaailma olemasolu eitada vaid selletõttu, et see ei ole nähtav.

Hiiglasuures vaimuruumis asub taevariik kolmandas taevas. Kolmas taevas on piiramatu vaimuruum ja seal on mitmeid erinevaid eluasemeid paradiisist Uue Jeruusalemmani. Igale päästetule antud taevane eluase erineb igaühe saavutatud pühitsuse ja usus Jumala tahte järgi elamise määra kohaselt. Ja me saame selles elus Jumala soovitud isikuks saamise määra kohaselt Taevasse kuuluva isikuna erineva au osaliseks.

Sellepärast kirjutatakse 1. Korintlastele 15:40-41: „On taevalikke ihusid ja maapealseid ihusid, kuid taevalike hiilgus on teistsugune kui maapealsete oma, isesugune on päikese kirkus ja isesugune kuu kirkus ja isesugune tähtede kirkus, sest ka täht erineb tähest kirkuse poolest."

Individuaalne taevane au

Pühadus on üks algse Jumala loomusest. Piiblis räägitakse pühadusest sageli, sest Jumal tahab, et Tema näo järgi loodud inimesed oleksid sama pühad nagu Jumal. 3. Moosese raamatus 20:26 öeldakse: „Olge siis mulle pühad, sest mina, Issand, olen püha! Ma olen teid eraldanud teistest rahvastest, et te oleksite minu päralt." 1. Peetruse 1:16 öeldakse: „Sest kirjutatud on: „Olge pühad, sest mina olen püha!"

Seetõttu on püha Jumala tahte kohaselt elavad inimesed need, kes kuuluvad Taevasse. Nad kogevad taevariigis taevast au. Teisalt kuuluvad Jumala tahte vastaselt pattudes ja kurjuses elavad inimesed maa peale ja lähevad järelikult põrgusse.

Maa peale ei kuulu vaid need inimesed, kes ei võta Jeesust Kristust vastu ja ei usu Jumalat. Matteuse 7:21 öeldakse: „Mitte igaüks, kes mulle ütleb: „Isand, Isand!", ei saa taevariiki; saab vaid see, kes teeb mu Isa tahtmist, kes on taevas." Isegi kui nad ütlevad „Isand, Isand!" ja väidavad end Teda uskuvat, kuuluvad nad ikkagi maapealsete sekka niikaua kui nad ei tee Jumala tahet.

Mida me peame taevariiki minekuks ja taevasse kuuluva inimese päikesesarnase au kogemiseks tegema? Heebrealastele 12:4 võib näha, et meie maapealse elu ajal on vaja pattude vastu „vereni" seista ja neist vabaneda. Lisaks öeldakse 1. Tessalooniklastele 5:22, et me peame igasugusest kurjusest vabanemise ja Vaimu täis oleku kaudu pühadusele jõudma. Nii nagu päikese- ja kuu valgus ja tähtede valgus erinevad, erineb ka taevasse kuuluvate inimeste au.

Jesaja 60:1 öeldakse: „Tõuse, paista, sest sinu valgus tuleb ja Isanda auhiilgus koidab su kohal." Pärast maailma valguseks tulnud Jeesuse Kristuse vastuvõtmist hakkab meist paistma vaimne valgus, mis on võrdeline Jumala Sõna tegemise määraga. Taevasse kuuluvate inimestena peaksime me päevapaiste eredusega valgust välja kiirgama, et me võiksime minema ajada pimeduse väe, viia hinged pääsemise teele ja austada Jumalat.

Taevas on palju eluasemeid

Jeesus sõi vahetult enne surma jüngritega Markuse maja ülakorrusel paasapüha rooga. Ta meenutas neile viimasel paasapühal taevariigi olemasolu, et neil oleks taevariigi lootus.

Jeesus ütles Johannese 14:2-3: „Minu Isa majas on palju eluasemeid. Kui see nõnda ei oleks, kas ma siis oleksin teile öelnud, et ma lähen teile aset valmistama? Ja kui ma olen läinud ja teile aseme valmistanud, tulen ma jälle tagasi ja võtan teid kaasa enese juurde, et teiegi oleksite seal, kus olen mina. "

Jeesus ärkas kolmandal päeval pärast ristilöömist ja taevasseminekut paljude inimeste nähes surnust üles. Ta läks Taevasse jumalalaste igaveseks eluks eluasemeid valmistama. Kui Ta ütles: ""Minu Isa majas on palju eluasemeid," väljendas Ta oma soovi, et kõik inimesed pääseksid (1. Timoteusele 2:4).

Taevas on vaimne ruum, mis loodi veelgi varem kui Kolmainu Jumal lõi maa. See on piiramatu ruum, mille sügavust, laiust, tihedust ja ruumala ei saa inimliku mõtlemisega mõõta. Seal on Jumala troon, arvukad vaimolendid ja kodud, kus jumalalapsed elavad igavesti. Taevariigi keskel asub Uus Jeruusalemm, mis on Taeva kõige aulisem eluase.

Jumala troonist voolav vaimne valgus ja eluvee jõgi annavad jumalalastele õnnelikuma ja austatuma tunde. Jumal annab igaühele meist kohase eluaseme ja tasub meile me vastavalt me usuliigile ja sellele, kuidas me maa peal Jumalat austasime.

Uue Jeruusalemma linn asub kolmanda taeva tipus ja Uue Jeruusalemma „all" asuvad kolmas, teine ja esimene taevariik ning paradiis. Aga see ei tähenda, otsekui need asetseksid maapealse ehitise taoliselt kihiti, täpselt üksteise peal. Kõik taevased eluasemed on horisontaalsed ja samas vertikaalsed ning eri kõrgusega.

Taevariiki rünnatakse

Matteuse 11:12 öeldakse: „Ristija Johannese päevist tänini rünnatakse taevariiki ja ründajad kisuvad selle endale ." Taevas on ilus ja rahulik koht, miks siis öeldakse, et seda rünnatakse ja ründajad kisuvad selle endale?

See tähendab, et suurema taevalootusega inimesed elavad usinat usuelu ja püüavad minna Uude Jeruusalemma. Sellist usinat elu peetakse silmas väljenduses „ründajad kisuvad selle endale".

Aga keda nad ründama peavad? Nad ründavad vaenlast kuradit ja saatanat, kes ässitavad inimesi patustama. Taevasse minekuks tuleb meil pimedusega võidelda ja see võita. Saatan ergutab inimeste patuloomust nende langema panekuks ja paneb nad pattu tegema. Aga need, kes tõesti igatsevad taevariiki, võidavad Jumala Sõna abil.

Me võime Uue Jeruusalemma linna endale kiskuda Jumala Sõna ja palve kaudu Jumala pühadeks lasteks saamise määraga võrdeliselt (1. Timoteosele 4:5). 2. Korintlastele 12:1 edasi võib näha, kuidas apostel Paulus läks paradiisi, mis asub kolmandas taevas ja õppis tundma suuri taevariigi saladusi. Sellest ajast peale võitles ta edaspidi märtrisurmani head usuvõitlust. Ta kiskus Uue Jeruusalemma linna jõuga endale, hoides oma silmad Jumala poolt talle valmistatud õigusepärjal.

Johannese ilmutuses 19:7-8 öeldakse: „Rõõmustagem ja hõisakem ja andkem Talle au, sest Talle pulmad on tulnud ning Tema naine on ennast seadnud valmis, ja talle on antud, et ta riietuks säravasse puhtasse peenlinasesse. See peenlinane on pühade õiged seadmised" ja Johannese ilmutuses 22:14 öeldakse ka: „Õndsad on need, kes oma rüüd pesevad, et neil oleks meelevald süüa elupuust ning nad võiksid minna väravaist linna sisse!"

Siin tähistavad „rüüd" ja „peenlinane" inimeste südant ja

tegusid. Me võime väravatest siseneda ja pühasse linna minna ainult siis, kui me oma südame ja teod puhastame. Kuna sõna „väravad" kasutatakse mitmuses, näitab see, et väravaid on mitmeid. Uude Jeruusalemma minekuks tuleb meil esiteks läbida pääsemise värav ja vastata paradiisi minekuks vajalikele tingimustele. Siis tuleb meil läbida esimese, teise ja kolmanda taevariigi väravad. Viimaks tuleb meil minna läbi Uue Jeruusalemma pärliväravatest.

Sel põhjusel räägitakse „väravatest" ja me võime sellest lõigust teada saada, et kõik päästetud ei saa samasuguse taevase au osaliseks. Me peaksime selle eest väga tänulikud olema, et me teame taevariigist ja püüame omale paremat taevast eluaset jõuga saada.

Põhjus, miks taevased eluasemed on liigitatud

Jeesuse Kristuse vastuvõtnud inimestel, kelle süda ei ole ümber lõigatud ja kes ei ole kurjast vabanenud, on väga ähmane vaimuvalgus. Aga igasugusest kurjusest vabanenud ja pühitsusele jõudnud inimestel on väga tugev vaimne valgus. Nii nagu varem öeldud, igal usklikul on erineva eredusega vaimuvalgus. Mida enam usklikud teevad Jumala Sõna kohaselt ja vabanevad pattudest, seda eredam ja ilusam on neist lähtuv valgus. Täiesti pühitsetud inimestel on väga ere valgus ja niisuguse valguseta inimesed ei saa neile isegi otsa vaadata.

Kui lihtsalt inimese praktilise mõtlemisega mõelda, võib lihtsalt mõista, et tugeva vaimuvalgusega ja selleta inimestel on raske seguneda ja koos elada. Isegi maa peal on lastel mugavam lastega olla, teismelistel teismelistega ja täiskasvanutel täiskasvanutega. Lapsed ja täiskasvanud ei saa tegelikult sõbrad olla, sest nad elavad eri maailmades ja nende intelligents ja mõtteviisid erinevad oluliselt.

Samamoodi elavad sama ereda vaimuvalgusega inimesed samas kohas. Mis juhtuks, kui igaüks elaks taevariigi samas ruumis? Pühitsetud mõistaksid üksteise südant ja nende vahel poleks ebamugavustunnet. Aga pühitsemata inimesed ei saaks nendest tegelikult aru. Sellepärast liigitas Jumal mitu erinevat eluaset, kus sama suure vaimse eredusega inimesed võiksid mugavalt koos elada.

Johannese ilmutuses 21:23 öeldakse: „Ja linnale ei ole vaja päikest ega kuud, et need talle paistaksid, sest Jumala kirkus valgustab teda, ning tema lamp on Tall." Paljude taevaste eluasemete seas on Uue Jeruusalemma linn Jumala plaanitud inimese kasvatamise kristalloid. See on koht, kus Jumal saab oma lastega igavesti armastust jagada. Jumal valmistas kolmanda, teise ja esimese taevariigi ning paradiisi neile, kes ei kasvatanud omale täielikku tõesüdant ja kes ei vasta Uude Jeruusalemma mineku tingimustele.

Aga süveneme nüüd iga elukoha iseloomustusse, paradiisist Uue Jeruusalemma linnani. Me vaatame ka, missugused inimesed igasse elukohta lähevad.

Paradiis, vaevu pääsenute elukoht

Jumal saatis Jeesuse siia maa peale meie jaoks, sest me läksime oma pattude tõttu surmateed mööda. Jeesus lunastas meid kõigist pattudest oma ristisurma kaudu. Kui me usume, et Ta on ainus päästetee ja võtame Ta oma Päästjaks, annab Jumal meile Püha Vaimu anni. Kui me Püha Vaimu vastu võtame, elustub meie vaim, mis oli Aadama patu tõttu surnud ja me saame õiguse Jumalat oma „Isaks" kutsuda. See tähendab, et me saame jumalalasteks, meie nimed kirjutatakse eluraamatusse ja meile antakse taevariigi kodakondsus.

Aga kui meie surnud vaim on elustunud, ei saa vaim kasvada kui me ei rakenda Jumala Sõna oma ellu ega vabane pattudest. Meie vaim kasvab pattudest vabanemisega võrdselt. Me võime minna Uude Jeruusalemma ainult siis, kui meis on meie vaimu täieliku kasvamise teel täiesti taastunud Jumala kadumaläinud kuju. Kui meie vaim ei kasva ja kui me jõuame vaevu pääsemisele, ent meie usk on väike nagu sinepiivake, läheme me paradiisi. Usutasemetest rääkides on tegu elementaarse usutasemega. Esimesel usutasemel jõutakse häbiga pääsemisele.

Paradiis on koht, mis tehti Jumala armastuse ja kaastundega. Jumal valmistas selle kohta inimestele, kes on päästetud, aga kes pole jumalalasteks kutsumise väärilised. Neid on veidi häbiväärne jumalalasteks kutsuda, aga Jumal ei saa neid ka põrgusse saata. Aga tegelikult on paradiisis kõigi teiste elukohtadega võrreldes kõige rohkem usklikke. See koht on isegi avaram, kui esimese taeva universum. Paradiisis olijad on tänulikud ja elavad õnnelikult igavesti lihtsalt seetõttu, et nad ei läinud põrgusse, vaid pääsesid.

Hoolimata sellest, et tegu on taeva madalaima elukohaga, ei leidu ikkagi maapealset kohta, mille ilu ja suurejoonelisust annaks sellega võrreldagi. Avaral tasandikul, mis on ilusate lillede ja roheliste puudega täielikus harmoonias, rändavad ringi erinevad loomad ja kõik need loomad on armsa väljanägemisega.

Maapealsed puud ja lilled närbuvad ja hävivad aja jooksul. Aga paradiisi puud on alati rohelised ja sealsed lilled ei närbu kunagi. Kui inimesed lähenevad neile, õõtsuvad lilled edasi-tagasi või nende õied avanevad või sulguvad ja eritavad ainulaadseid ning imelisi hõrke lõhnu, otsekui tervitaksid nad inimesi. Seal on väga palju eriliiki puuvilju. Need on maapealsetest veidi suuremad ja hiilgavad briljantselt. Inimesed võivad neid otse puust süüa, sest seal pole tolmu ega putukaid.

Nad võivad istuda mururohul ja puuvilja süües sõbralikult vestelda. Need inimesed ei teinud oma maapealse elu ajal midagi jumalariigi heaks, seega nad ei saa mingit taevast tasu. Aga nad on väga õnnelikud lihtsalt selletõttu, et seal pole kurbust, haigust, valu ega surma. Väga erakordsetel juhtudel ja juhtumitel võidakse mõnda nende seast kutsuda Uues Jeruusalemmas peetavatele sündmustele.

Aga Uues Jeruusalemmas ja Paradiisis olijate vahel on suur valguse erinevus, seega paradiisi inimesed ei võta tavaliselt kutset vastu, sest nad tunnevad minekuks liiga suurt piinlikkust. Kui nad külla lähevad, tuleb neil kinni pidada spetsiaalsetest käskudest ja ajastusest. Nad on väga rõõmsad lihtsalt aulise Uue Jeruusalemma linna külastamise üle ja paradiisi naastes räägivad nad suure rõõmuga Uues Jeruusalemmas nähtust ja kogetust.

Me ei tohiks paradiisi ilu ja õnne alahinnata üksnes sellepärast, et see on Taeva madalaimal tasemel asuv elukoht. Kuigi see on häbiga pääsenute koht, ei saa seda kohta ilu poolest ikkagi võrrelda ühegi maapealse kohaga ja see on isegi Aadama elukohaks olnud Eedeni aiast ilusam.

Esimene taevariik

Esimene taevariik on paradiisist ilusam ja õnnelikum koht. Kogu keskkond on paradiisi omast palju ilusam. See on koht neile, kes on Jeesuse Kristuse vastu võtnud, kelle surnud vaim on elavaks saanud ja kes püüdsid Jumala Sõna oma elus kasutada, aga ei teinud seda täielikult. See koht on nimelt neile, kes on usu kasvuprotsessis teisel usutasemel.

Esimeses taevariigis saadakse maa peal tehtu kohased tasud ja maja. Esimese taevariigi majad on maapealsete korterite sarnased. Aga need on omaniku maitsele vastavalt kullast ja muudest kalliskividest valmistatud. Ehitistes on liftid, mis töötavad Jumala väega ja viivad soovitud korrusele ilma nupuvajutuse vajaduseta.

Esimesse taevariiki minejatele antakse närtsimatu pärg (1. Korintlastele 9:25). See on nagu osavõtu eest saadud auhind. Nad teadsid Jumala Sõna, aga ei teinud maa peal selle kohaselt. Nad teadsid, et pattudest tuli vabaneda, aga nad ei vabanenud paljudest teadlikult tehtavatest pattudest. Kuid Jumal võttis nende püüet Sõna järgi elamise usuna arvesse ja tasub neile selle kohaselt.

Esimeses taevariigis on palju ilusaid aedu. Seal on ka puhkerajatised nagu paljude puudega suured pargid, lõbustuspargid, järved, jalutusrajad, ujumisbasseinid, golfirajad, tenniseväljakud jne. Aga välja arvatud individuaalseed eluasemed ja saadud pärjad, on kõik muu ühiskasutuseks. See sarnaneb korterikomplekside ühiskasutusega parkidele või spordirajatistele.

Seal ei ole eraviisiliselt teenivaid ingleid. Aga inimesed võivad kõikjal inglitelt juhatust saada. See on peamine erinevus paradiisiga. Näiteks võivad inimesed pingi peal juttu ajades paluda inglil neile puuvilju tuua, kui nad neid süüa tahavad. Aga paradiisis peavad inimesed ise omale puuvilju tooma. Sel moel on paradiisi ja esimese taevariigi eluviisi vahel väga suur erinevus. Esimese taevariigi inimesed ei kadesta kõrgema taseme eluasemetes olijaid. Kõik tunnevad igas elukohas olles äärmist õnne ja rahulolu.

Teine taevariik

Teine taevariik on esimesest taevariigist veelgi eredam ja ilusam. Vääriskividest ehitatud hooned on suurepärasemad ja ilusamad. Paradiisi ja esimese taevariigiga võrreldes on seal rohkem eriliiki loomi ja taimi. Isegi samaliiki loomad või taimed on esimese taevariigi omadest palju ilusamad. Loomad on füüsiliselt graatsilisemad ja elegantsemad ning ilu poolest suurepärasemad ja sulgede ja karva värv on hiilgavam. Sama kehtib lillede lõhna ja värvide kohta.

Teine taevariik on neile, kes on Jumala Sõna kohaselt tegutsenud, aga kes ei ole veel täielikule pühitsusele jõudnud, nimelt kolmandal usutasemel olijaile. Nad vabanesid kõigist patutegudest, aga ei vabanenud täiesti kõigist mõttes ja südames tehtavatest pattudest.

Nad saavad ühekorruselise eramaja ja nende väraval on nimesilt. Nende majad on maapealsetest häärberitest palju ilusamad ja suurejoonelisemad. Majale lisaks antakse tavaliselt autasuks aupärg. Nad austasid maa peal mingil määral Jumalat ja sellepärast annab Jumal neile aupärja (1. Peetruse 5:4).

Pärjale ja majale lisaks võivad teise taevariiki minejad saada omale midagi, mida nad kõige rohkem soovivad. Kui nad tahavad ujumisbasseini, võivad nad saada ilusatest kalliskividest tehtud imepärase ujumisbasseini. Kui nad tahavad järve, võivad nad selle saada. Kui nad tahavad tantsusaali, võivad nad selle saada. Kui neile meeldib jalutada, võivad nad saada jalutusrajad, mille kõrval kasvavad paljud taimed ja lilled ja uitavad paljud armsad loomad.

Kuna igaühel on eri maitse, on igasuguseid erinevaid rajatisi, seega nad võivad teiste kodusid külastada, et neid erinevaid rajatisi näha ja koos kasutada. Taevas teenib igaüks teist ja seega ei keelduta kellegi kodukülastusest. Aga selle asemel on inimesed veelgi õnnelikumad, sest nad võivad olemasolevat jagada. Ka külalised ei taotle omakasu ja külastavad seega viisakuse piires.

Teises taevariigis olijad ei tunne teiste inimeste omanduse tõttu kurbust ega kadedust lihtsalt seetõttu, et neil on vaid üks rajatis. Selle asemel on nad Jumalale tänulikud, et nad said niisuguse suure tasu, mis ületab kaugelt nende poolt maa peal tehtu. Neil on küll meeles üks asi – et nad ei pühitsenud end oma maapealse eluaja jooksul täielikult. Nad tunnevad suurt piinlikkust, kuna nad ei vabanenud täielikult kurjusest, mistõttu ka nemad ei saa Jumalale otsa vaadata.

Kolmas taevariik

Teise taevariigi ja kolmanda taevariigi au erineb sama palju nagu taevad erinevad maast. Erinevus tuleb sellest, kas inimene jõudis pühitsusele või mitte. Kolmandas taevariigis olijad on neljandal usutasemel. Nad saavutasid pühaduse, seega nad võivad tasuks saada igasuguseid rajatisi, mida nad soovivad. Nad võivad saada omale golfirajad, ujumisbasseinid ja tantsusaalid — see tähendab, et nad võivad saada, mida nad tahavad ja ei pea kellegi teise kodus rajatisi kasutama.

Majad on mitmekorruselised ja väga suurejoonelised ning ilustatud ja selle maailma miljardäridegi majad ei saa neile majadele ligilähedale. Majades on tohutusuured aiad, mis on täis aromaatseid lilli ja puid, mis on ilusasti kaunistatud. Igasugust liiki ja värvi kalad ujuvad järvedes, kust kiirgab hiilgavat pimestavat valgust. Muidugi ei ole need majad oma suuruse, ilu ja au poolest Uue Jeruusalemma majadega võrdväärsed. Protsentuaalselt rääkides võib öelda, et kui Uue Jeruusalemma väikseima maja maa-ala on 100 ühiku suurune, on kolmanda taevariigi suurima maja maa-ala suurus vaid 60 ühikut. Sellest võib näha, et Uude Jeruusalemma minejad valmistavad Jumalale suurt heameelt.

Kolmanda taevariigi majadest lähtub kaunist aroomi ja valgust majaomaniku Jumalale sarnanemise määrale vastavas koguses. Nii kolmanda taevariigi kui Uue Jeruusalemma majade puhul on ühine nimeplaatide puudumine. Majadest õhkub majaomanikku esindavat ainulaadset hõngu ja virmalistelaadset valgust, seetõttu igaüks teab nimeplaadita, kelle majaga on tegemist, kuna kõigi taevariiki minevate usklike seas on võrdlemisi vähe kolmandasse taevariiki või Uude Jeruusalemma minejaid.

Asi ei ole vaid majades. Ka samad kuldteed on teise taevariigi omadest palju eredamad ja väärtuslikumad. Kuna kolmandas taevariigis võib inimene saada kõik soovitud rajatised, antakse seal inimesele ka palju ingleid. Paljud abistavad inglid tegelevad majapidamise ja külastajatega. Teises taevariigis ei ole isiklikult teenivaid ingleid, aga kolmandas taevariigis ja Uues Jerusalemmas antakse igale sealviibijale inglid. Neil on ka pilvelaadsed autod ühiskondlikuks kasutuseks ja nad võivad soovikohaselt lõputus taevariigis reisida.

Kolmandas taevariigis olijaile antakse elupärg. See on põhitasu, mille saavad Isandale oma elu andmise testi läbinud (Jakoobuse 1:12). Kolmandas taevariigis olijad elasid teise taevariigi elanikega võrreldes väga aulist elu. Aga ka need inimesed tunnevad Uut Jeruusalemma nähes kahetsust. Seega on väga oluline, et me oleksime Jumalale meelepärane, olles eneses pühadust arendades ustav kogu Jumala kojas.

Uus Jeruusalemm, terve vaimuga inimeste elukoht

Apostel Johannes ütles Uue Jeruusalemma linna au kohta Johannese ilmutuses 21:11: „Ja millel on Jumala kirkus, ning ta valgus on kõige kallima kivi sarnane, otsekui jaspis, mis hiilgab nagu mägikristall."

Jumala au ümbritseb kogu linna. Uuest Jeruusalemmast lähtuv valgus on nii väärikas ja ilus, et me ei saa seda nähes vaikseks jääda. See on väga ilus ja suurejooneline koht, mida on raske ette kujutada. Sinna saavad need, kes on jõudnud täielikule pühadusele ja kes olid ustavad kogu Jumala kojas ning järgisid Tema tahet, mõistes Jumala südamesügavusi. See elukoht on nimelt terve vaimuga inimestele, kes on jõudnud viiendale usutasemele.

Seda linna ümbritsevad kõrged müürid, kust tuleb hiilgavat valgust ja need müürid on kolmanda taevariigi ning Uue Jeruusalemma piiriks. Uue Jeruusalemma linnal on samasugused laiuse, kõrguse ja pikkuse mõõdud. Igaüks neist on 12000 vagu pikk (Johannese ilmutus 21:16). Vagu on pikkusmõõt ja 12000 vagu on umbes 2400 km.

Uue Jeruusalemma linna horisontaalselt ehk selle pikkust ja laiust vaadates on linna pindala 58 korda suurem kui Lõuna-Korea pindala. Aga selle pindala arvutus on vaid kahemõõtmeline. Uus Jeruusalemm on ka 2400 km kõrgune. Seega Uue Jeruusalemma linna ruumi ei ole vaid meie pindalamõiste raames võimalik täiesti mõista.

Linnaamüüri igas neljas müüris on kolm pärliväravat, kokku kaksteist väravat. Linnamüüri aluskivid on kaheteistkümnest eriliiki väärtuslikust kalliskivist. Iga väravat valvab ingel ja teed on tehtud puhtast kullast, mis on kristallpuhta klaasi taoline. Kaheteistkümnele aluskivile lisaks on seal veel palju teisi väärtuslikke kalliskive. Mõned neist on nii suured, et me ei suuda nende suurust ette kujutada. Teistest paistab kahe- või kolmekordne erinev valguskiht.

Uue Jeruusalemma linna sisemust võib jagada Isa Jumala alaks, Isanda alaks ja Püha Vaimu alaks. Isa alas on Vana Testamendi usuisade – Eelija, Eenoki, Moosese ja Aabrahami ja teiste majad. Jumala troonist paremal ja allpool asub Isanda ala, kus asub Isanda kuldkatusega peamine loss. Lossi ümber on palju muid erivärvi ja eri kujuga hooneid. Kõige lähemal on Tema jüngrite Peetruse, Johannese ja Jakoobuse majad ja siis tulevad teiste jüngrite majad.

Jumala troonist vasakul allpool asub Püha Vaimu ala, kust tuleb tavaliselt emataolist pehmet leebet tunnet. Selles alas asuvad Püha Vaimu ajastu jooksul terve vaimuga esiletulnud inimeste majad. Mõned majad on juba valmis, aga teisi alles kaunistatakse ilusate kalliskividega ja need on peaaegu valmis. Mõne maja jaoks suurendatakse maapinda, kuna majaomanik toob maa peal veel uusi hingi pääsemisele.

Uue Jeruusalemma majad on sama suured ja suurepärased nagu hiiglasuured lossid. Nende jaoks antakse maad võrdväärselt maa peal tasaduse saavutamise määraga ja Uues Jeruusalemmas olijad saavad oma majade jaoks suure maa-ala, sest nad on arendanud väga palju tasadust. Igas majas on kõik omaniku soovitud rajatused ja võib lihtsalt aru saada, kelle majaga tegu on, sest see on ehitatud omaniku usu, tasude ja maitsete kohaselt. Jumala au valgusest ja iga maja kaunistavatest vääriskividest saab aru, mil määral majaomanik arendas endas pühadust ja kuivõrd meelepärane ta maa peal Jumalale oli. Neile antakse ilusad tasud, vastavalt sellele, kui palju nad loobusid sellest, mis neile meeldis, mida nad teha tahtsid ja mida nad Isanda jaoks omada soovisid.

Kuldpärg ja õigusepärg antakse tegelikult neile, kes lähevad Uude Jeruusalemma. Kuldkroonis on palju vääriskividest kaunistuste liike. Johannese ilmutuses 4:4 öeldakse: „Ja trooni ümber oli kakskümmend neli trooni ning neil troonidel istus kakskümmend neli vanemat, valged rõivad üll ja peas kuldpärjad."

Kuldpärja kuld on puhas kuld, milles pole mingit võõrmaterjali. See esindab muutumatut tõelist usku. See tasu antakse Jumalale meelepärase usumõõdu saamise eest.

Õiguse pärg antakse neile, kes on kasvatanud omale puhta laitmatu veatu südame ja kes on olnud jumalariigile ustavad (2. Timoteosele 4:7-8). Peale kuld- ja õiguse pärja antakse teistmoodi pärjad samuti neile, kes lähevad Uude Jeruusalemma. Neile tasutakse pärjaga iga asja eest, millega nad maa peal Jumalat väga austasid.

Sellele lisaks on Jumal meile Uue Jeruusalemma linnas palju rohkem asju valmistanud. Selle kohta öeldakse Johannese ilmutuses 21:2: „Ja ma nägin püha linna, uut Jeruusalemma, taevast Jumala juurest alla tulevat, valmistatud otsekui oma mehele ehitud mõrsja." Nii nagu mõrsjad ehivad end pulmapäeval kõige ilusamalt, on Jumal valmistanud Uue Jeruusalemma linna kõige ilusamaks, mugavamaks, kodusemaks ja õnnelikumaks kohaks kõigi taevaste eluasemete seas.

Iga maja sädelevatest kalliskividest lähtuvad eri värvid, mis loovad täiusliku värvide harmoonia. Mõnes majas on suur järv, suur mets, tohutusuur tasandik, imeliselt kaunistatud aiad, puhkerajatised, arvukad linnud ja ilusad loomad. Üksnes Uude Jeruusalemma minek liigutab inimsüdameid. Nad kogevad igavest õnne au ja tunnetega, mida ei saa kohaselt kirjeldada.

Uude Jeruusalemma ei ole inimese kasvatamisest alates paljud läinud. Jumal tahab, et igaüks tuleks Ta tõelise lapsena esile ja läheks Uude Jeruusalemma, aga väga paljud on vaid vaevu pääsenud. Nad on alati tänulikult üksnes selle eest, et nad ei läinud põrgusse, vaid võivad paradiisis tõelist puhkust kogeda.

Paradiisis tuntavat õnne ei saa isegi kogeda Uues Jeruusalemmas kogetavaga. See erineb ka väga esimeses taevariigis kogetud õnnest. Iga taevase elukoha keskkond ja muud tingimused erinevad Jumala õigluse alusel väga palju ja see tuleb tegelikult Jumala armastavast hoolest meie vastu. Ta lasi sarnaste vaimutasemetega inimestel koos elada, et nad tunneksid igas elukohas ülimat vabadust ja õnne. Niimoodi elavad inimesed oma vastavates taevastes elukohtades ja niisuguse elu jaoks on neil vaimuruumi jaoks kõige kohasem vaimne ihu.

Vaim, hing ja ihu vaimses ruumis

Jumala and antakse erineva määraga, vastavalt sellele, kui palju me kasvatasime oma vaimu, hinge ja vaimu juurde kuuluvat ihu selles füüsilises ruumis elamise ajal. Ta annab meile au, mida me kogeme oma taevastes eluasemetes ja riideid, pärgasid ja muid kaunistusi meie tehtu kohaselt.

1. Vaimne kuju

2. Vaimu juurde kuuluv hing ja ihu

3. Jumala and

Filmides või teledraamades nähakse vahel kehast väljuvat vaimu, mis näeb inimesega täpselt samasugune välja. Kehast välja tulev vaim näeb keha lamamas ja imestab üllatunult: „Miks minutaoline inimene lamab seal maas?" Kas niisugune on lihtsalt üksnes filmides või teledraamades olev väljamõeldis? Piiblis kirjutatakse vaimumaailma olemasolust ja meie vaimust.

Selleks, et me pärast igaveses taevariigis elada saaksime, peab meil olema vaimuruumi kuuluv vaim, hing ja ihu. Kõik inimesed sündisid Aadama patu tõttu surnud vaimuga. Selle tulemusel elavad nad oma himusid järgides. Aga kui nad Jeesuse Kristuse vastu võtavad ja Püha Vaimu saavad, elavdub nende surnud vaim ja nad võivad saada vaimumaailma igatsevateks tõelisteks jumalalasteks.

Jumal lõi inimolendid ja on inimkonda kasvatanud põldu seemneid külvava ja neid kasvatava põllumehe kombel. Alles siis, kui me mõistame Tema ettehoolet, võib me surnud vaim elustuda ja muuta meie vaimu, hinge ja ihu vaimu juurde kuuluvaks. Me võime kogeda igavest elu taevariigis, kus meil on täielik taevane ihu, ainult siis, kui meil on valguseruumis – kolmandas taevas elamiseks sobiv vaim, hing ja ihu.

Kuidas me selles valguseruumis välja näeme? Maa peal on meil füüsilisse ruumi sobiv vaim, hing ja ihu. Aga kui me läheme vaimuruumi, vajame me selle ruumi jaoks vajalikku vaimu, hinge ja ihu.

1. Vaimne kuju

Vaimne kuju on vaimukuju Seda võib pidada ka astjaks, mis mahutab vaimu. Igal päästetul on taevasse kuuluv kuju ja igaühel on erinev au. Vaimse ihu valgus erineb vastavalt igaühe pühaduse mõõdule. Me saame ülestõusnud ihu ja pärast seda täiustatud taevase ihu.

Vorm on ainekuju. Kui kotkast taevas lendamas näha, võib linnu ainulaadse kuju alusel öelda, et tegu on kotkaga. Lõvidel on lõvikuju ja kotkastel kotkakuju, seega me võime neid üksteisest eristada.

Füüsiline ihu on silmadega tajutav füüsiline kuju. Inimesete puhul on meil maale kuuluv kuju, aga meil võib olla ka taevasse kuuluv vaimukuju.

1. Korintlastele 15:38-40 öeldakse: „Aga Jumal annab talle ihu, nõnda nagu ta on tahtnud, ning igale seemnele tema eriomase ihu. Kõik liha ei ole sama liha, vaid isesugune on inimese liha ja isesugune veiste liha, isesugune lindude ja isesugune kalade liha. On taevalikke ihusid ja maapealseid ihusid, kuid taevalike hiilgus on teistsugune kui maapealsete oma.″ Nii nagu meil on nähtava kujuga füüsiline ihu, on vaimul samuti kuju. Me võime öelda, et vaimne kuju on astjas, mille sees on vaim ise. Inimeste puhul ei lõpe meie maapealse eluga hinges sisalduv, vaid see sisaldub vaimses ihus. Vaimse ihu valgus erineb vastavalt inimese tõepärasele elule maapealse eluaja jooksul. Vaimse ihu valgus erineb vastavalt maapealse elu jooksul tões

elamise määrale. Igaühel on erinev vaimne ihu, mis tähendab, et üht ihu saab teisest eristada. Vaimse ihu valgust nähes võib ütelda isegi, missuguse taevase eluaseme keegi saab, kui Jumal teda kohe kutsuma peaks.

Vaimne kuju ei ole varjukuju. Sellel on selge ruumiline kuju. Kuigi sel tundub olevat kaalu, on see kaaluta. Ja omati kui tundub, et see on otsekui kaaluta, on sellel kaal. See sarnaneb peene salvräti ülesvõtmisele. Tollel ei tundu kaalu olevat, aga tegelikult on tal oma kaal. Aga see ei tähenda, et vaim on nii nõrk, otsekui saaks seda tuules õõtsuma panna. Vaim on nii kerge, et seda ei saa kaaluda, aga see on püsiv.

Aadama vaimne kuju

Aadam on esimene Jumala loodud inimene. Jumal tegi peenelt kogu ta sisikonna, luud ja kogu inimkuju ja kui Jumal hingas ta sõõrmetesse eluõhku, sai temast elusolend, nimelt elav vaim. Aadama süda hakkas lööma, ta veri hakkas ringlema ning ta organid ja rakud toimima. Ta oli ilus olend, kelle liha ja luud ei vananenud kunagi ega hävinud. Pealegi, kui Jumal hingas temasse eluõhku, võttis Aadama vaim tema füüsilise ihuga täpselt sama kuju. Nii nagu Aadama ihul oli kuju, sai ka tema vaim kuju, mis nägi ta füüsilise ihuga samasugune välja. Aadama ihus oli tema vaim, mis võis Jumalaga suhelda ja tema hing, mis aitas vaimu.

Aadam suutis Jumala Sõnast kinni pidada ja suhtles Jumalaga, sest tema hing ja ihu kuuletusid ta vaimule. Kui ta loodi, oli tema vaimuihus olev vaim tühja paberilehe sarnane. Seega Jumal viis ta Eedeni aeda ja õpetas talle vaimu teadmisi. Ja Jumal ütles Adamale: „...aga hea ja kurja tundmise puust sa ei tohi süüa, sest päeval, mil sa sellest sööd, pead sa surma surema!" (1. Moosese raamat 2:17).

Pärast Eedeni aias pika aja veetmist sõi Aadam keelatud vilja, mille Eeva talle andis, mida ta oli saatana kiusamise järgselt söönud. Selle tagajärjel suri Aadama vaim täpselt nii, nagu Jumal oli rääkinud: „Sa pead surma surema!". Sellepärast katkes tema ja Jumala vaheline suhtlus.

Muidugi pärines Aadama vaim Jumalalt, seega ei saanud seda täiesti kustutada. Eluõhk, mille Jumal Aadama sõõrmetesse hingas, on kadumatu iseloomuga. See tähendab, et see oli „mitte kunagi hävineva" loomuga.

Siin tähendab ütlus, et ta vaim suri, Jumalaga osaduses olemise katkemist ja selle tegevuse täielikku peatumist. Kuna ta vaim ei olnud enam tegev, võttis hing inimese peremehe rolli ja valitses tema ihu. Aadama langemisest saadik hakkas Aadamat elava vaimuna hoidnud vaimne teadmine temast välja lekkima. Siis hakkasid pimeduse juurde kuuluvad lihalikud omadused vaimset kuju võtma. Sellest hetkest alates oli Aadama ihu füüsilise korra valitsuse alune. Ta muutus olendiks, kes pidi muutuma, vananema ja lõpuks surema.

Inimese vaimne kuju surma ajal

Mis puudutab inimesi, nende vaim ja hing püsib vaimses vormis pärast nende füüsilise ihu surma ja eksisteerib igavesti. Hing ei kustu isgi pärast füüsilist surma, kuna see on vaimuga ühendatud ja tegutseb hingeliselt edasi. Isegi pärast ihu surma ja ajutegevuse lakkamist jääb ajusse talletatu vaimsel kujul edasi eksisteerima. Samuti jäävad mõtted ja tunded. Seda vaimu ja hinge kombinatsiooni tuntakse kui „vaimu ja hinge", aga enamasti me kutsume neid lihtsalt „vaimuks".

Teisest küljest, kui inimene võtab Jeesuse Kristuse vastu, elab Jumala Sõna alusel ja on saanud valguseruumi mineku õiguse, särab ta vaimne kuju. Teisalt, kui inimese vaim on surnud, sest tal puudub osadus Jumalaga, kes on Valgus ja ta elab pattudes ja kurjuses, olles määrdunud selle maailma poolt, on tema vaimses kujus vaid pimedus.

Päästetute ja päästmata inimeste välimus on surmahetkel täiesti vastandlik. Päästmata inimesed surevad tavaliselt hirmus, avatud silmadega, aga päästetud surevad rahus ja nende silmad on suletud. Hetkel, kui nende vaim lahkub ihust, saavad nad teada Taeva ja põrgu olemasolu kohta.

Mõned neist, kes pole päästetud, näevad neid ootavaid põrgu käskjalgu. Põrgu käskjalad on pealaest jalatallani pimedust täis. Nad on rüütatud musta. Neil on kahvatu nägu, mustjaspunased huuled ja väga pime energia silmade all. Inimene peab olema täiesti hirmul, kui niisuguse groteskse välimusega põrgu käskjalad talle lähenevad! Sel hetkel saab ta teada, et Taevas ja põrgu on tõesti olemas ja ta sureb hirmuga. Aga tema jaoks on liiga hilja. Mineviku kahetsemisest pole enam kasu. Tal ei saa põrgusse tõmbamist vältida.

Aga usus püsinud ja head kristlase elu elanutel pole vaja midagi karta. Nad näevad end surma eelselt ootavaid kahte valgesse riietatud inglit, seega nende näod on rõske jumega ja nad on rahus. Sel hetkel, kui nende vaim eraldub ihust, tunnevad nad ülevoolavat ja kirjeldamatut rõõmu ja õnne.

Meie koguduses oli mõne aja eest üks usklik, kes suri pärast usuelu elamist. Ta oli tõesti hea südamega ja väga leebe, tal ei olnud kunagi ainsatki probleemi ega konflikti kellegi teisega. Ta oli kõikidega rahujalal ja ta rääkis vaid häid, armastavaid ja tõeseid sõnu ja oli leebe. Ta armastas Jumalat palavalt ja Jumala töö oli ta jaoks alati esikohal. Ta ei säästnud end, kui midagi tuli jumalariigi heaks teha. Ma võisin näha, kuidas tema hauakohast lähtus ülieredat valgust. Kui ma nägin tema vaimu kaasa võtma tulnud inglite väärikust, võisin ma ette kujutada, missugusesse taevasesse elukohta ta läheb.

Päästetute vaimne kuju

Kui päästetud inimene sureb maa peal, väljub ta vaim ihust. Kaks inglit eskordivad ta vaimu ja juhatavad ta Taeva ootekohta. Enne Isanda ülestõusmist oli ülahaud Taeva ootekohaks. Aga pärast Ta ülestõusmist see muutus. Hinged (vaim ja hing) jäävad teise ootekohta paradiisi äärel. Vana Testamendi ajal pääsenud hinged viiakse samuti sellesse ootekohta.

Uue Testamendi ajal lähevad päästetud esialgu ülahauda, kui nende vaim lahkub ihust. Nad jäävad sinna kolmeks päevaks, et vaimumaailmaga kohaneda ja neile õpetatakse vaimumaailmast ja antakse vajalikke teadmisi. Pärast seda viiakse nad paradiisi äärel olevasse ootekohta. Inimese kasvatamise protsess lõpeb Isanda teise tulekuga õhus. Pärast seda tuleb tuhandeaastane rahuriik ja pärast selle lõppu toimub suure valge trooni kohus. Kohtu kaudu annab Jumal igaühele taevase elukoha ja tegudele vastavad tasud.

Aga missuguse välimusega on päästetute vaimne kuju? Kui me teame vaimse kuju kohta lähemalt, võime me ülestõusmist ja koguduse ülesvõtmist lihtsamalt mõista. Kui keegi sureb lapsena, on tal ka lapse välimusega vaimne kuju. Kui inimene suri noorukina, on tal ka nooruki väljanägemisega vaimne kuju. Kui inimene sureb vanamehena, näeb ka ta vaimne kuju vana välja. Aga vaimsetel kujudel ei ole habet, puudeid, arme ega kortse. Isegi kui keegi sureb haiguse tõttu, on ta vaimne kuju ikkagi terve ja ilus. Vanade inimeste vaimsetel kujudel on nende füüsilise ihu surmaeelse aja välimus. Kuid nad ei näe haprad välja, vaid nende ihu näeb välja terve ja energiline.

Kõik nad kannavad valgeid riideid ja nende vaimsest kujust lähtub valgus. Valguse tugevus erineb eri inimeste korral. Mida suuremat pühadust keegi on saavutanud, seda eredam ja ilusam on valgus. Mida suuremale pühadusele keegi on jõudnud, seda eredam ja ilusam on valgus. Valguse eredusele vastavalt antakse ka igaühele erinev eluase ja au. Naiste juuste pikkus erineb vastavalt nende poolt saavutatud pühaduse mõõdule. 1. Korintlastele 11:15 öeldakse: „...aga kui naine kannab pikki juukseid, siis on see temale auks, sest pikad juuksed on talle antud katte eest."

Paradiisi, esimesse taevariiki või teise taevariiki minevate naiste juuksed on õlgadeni. Aga kolmandasse taevariiki minejate juuksed ulatuvad selja keskpaigani ja Uude Jeruusalemma minejate juuksed õlgadeni. Aga meeste juuksepikkus on sama, kuklani. Taevas on nii meeste kui naiste juuksed lainelised ja blondid.

Taeva ootekoha vaimne kuju ei ole veel täielik ja täiuslik. Seal oodatakse ikka Isanda teist tulekut õhus, mis on nende ülestõusmise aeg. Nad võivad saada ülestõusnud ihu, kui Isand õhus taas ilmub.

Ülestõusmise ihu

Kui Isand naaseb õhus, ühenduvad Taeva ootekohas olevad hinged oma hauast ülestõusnud füüsilise ihuga. Sellepärast öeldakse Piiblis, et usus surnud ei ole surnud, vaid magavad. Nende surnud ja mahamaetud ihud elustatakse ja võetakse õhku ning ühendatakse nende vastava vaimu ja hingega. Niisugust ühendatud ihu kutsutakse „ülestõusmise ihuks".

Kuidas saab ihu ellu äratada ja vaimuga ühendada, kui ihu muutub pika aja jooksul hauas peotäieks põrmuks või kui ihu on kremeeritud? Maa peal on ikkagi olemas ihu koostisosad, kuigi me ei näe neid oma silmaga. Isanda tulekul kogunevad kõik need koostisosad ühte ja elustatakse Jumala väega. See ihu kohtub vaimu ja hingega ja saab täielikuks vaimust, hingest ja ihust koosnevaks ihuks.

Järgmiseks muutuvad Isanda tulekul elusad inimsed vaimseks ihuks ja võetakse üles õhku. Seda kutsutakse „koguduse ülesvõtmiseks". Seda võib võrrelda hiiglasuure magnetiga, mis tõmbab rauatolmu kõrgele õhku.

1. Tessalooniklastele 4:16-17 öeldakse: „Sest Isand ise tuleb sõjahüüu, peaingli hääle ja Jumala pasuna saatel alla taevast ning esmalt tõusevad üles surnud, kes on läinud magama Kristuses, pärast kistakse meid, kes me oleme üle jäänud elama, ühtviisi koos nendega pilvedes üles õhku Isandale vastu, ja nõnda me saame alati olla koos Isandaga."

1. Korintlastele 15:51-53 öeldakse: „Vaadake, ma ütlen teile saladuse: meie kõik ei lähegi magama, aga meid kõiki muudetakse, äkitselt, ühe silmapilguga, viimse pasuna hüüdes, sest pasun hüüab ja surnud äratatakse üles kadumatutena, ning meid muudetakse. Sest see kaduv peab riietuma kadumatusega ja see surelik riietuma surematusega."

Need päästetud hinged kohtuvad Isandaga õhus ja nad peavad seitse aastat kestvat pulmasöömaaega. Siin tähistab „õhk" teises taevas Eedeni ühel küljel asuvat eraldi ruumi. Eeden on hiiglasuur ruum, kus asub ka Eedeni aed. Seitsmeaastane pulmasöömaaeg on aeg, mil päästetud hingi trööstitakse ja nad naudivad oma olekut. See on maapealse inimese kasvatamise käigus tehtud pingutuste pühitsemiseks. See on ka aeg, et oma maapealset elu meenutades Jumalat tänada.

Kui nad muutuvad ülestõusmise ihuks, võivad nad näha Isanda südames kasvamise ajal saavutatud pühitsuse määra. Siis saavad nad ka mingitmoodi aru, missugused tasud ja au nad viimase kohtumõistmise järgselt saavad. Neil on ülestõusmise ihus õhus seitsmeaastane pulmasöömaaeg ja pärast seda tulevad nad maa peale ja elavad siin tuhat aastat.

Aga kuidas siis ülestõusmise ihu erineb vaimsest kujust? Ülestõusnud ihu ja vaimne kuju tunnetavad vaimset ruumi väga erinevalt. Üksnes vaimne kuju ei suuda vaimses ruumis täielik ihu olla. Võib öelda, et inimesel on vaimses ruumis elamiseks põhikuju olemas, kui tal on ülestõusmise ihu. Vaimsel kujul on inimese surmaaegne väljanägemine, aga ülestõusnud ihu on igaühe jaoks umbes kolmekümne kolme aasta vanuses.

Jeesus lõpetas oma maapealse elu kolmekümne kolme aastaselt. Kolmkümmend kolm aastat on inimese elu haripunkt, nii nagu päike on eredaim lõunaajal. Inimesed on piisavalt täiskasvanud ja ometi mitte liiga vanad täie energia ja elujõu omamiseks. Nad saavad täiskasvanuliku ilu osaliseks pärast kahekümnendaid eluaastaid. Lilledega võrreldes sarnaneb see täiele õitseajale.

Sel põhjusel andis Jumal oma lastele vaimse ihu, mis on kolmekümne kolme aastase väljanägemisega. Inimese pikkus on ligilähedaselt 190 cm (umbes 6 jalga 3 tolli) ja naiste puhul 170 cm (5 jalga 7 tolli) ringis. Keegi ei ole liiga paks ega liiga peenike; igaühel on kõige ilusam välimus.

Ülestõusmise ihu on käegakatsutav. Seda saab kätega

füüsiliselt katsuda, kuna selles on vaim ja hing ühes ülestõusnud füüsilise ihuga. Jeesus Kristus näitas meile taolist ülestõusmise ihu. Ülestõusnud Isand ilmus oma jüngritele ja ütles: „Vaadake mu käsi ja mu jalgu, et see olen mina ise!

Puudutage mind kätega ja vaadake, sest vaimul ei ole ju liha ega luid, nõnda nagu te minul näete olevat!" (Luuka 24:39). Nii nagu Ta ütles, ülestõusnud ihus on liha ja luud.

Ülestõusmise ihu on ka kadumatu ihu, mis ei ole seotud selle maailma füüsiliste piirangutega. Ülestõusnud Isand ilmus jüngritele läbi seina tulles, nagu kirjutatakse Johannese 20:19, 26. Johannese 20:22 öeldakse, et Jeesus „hingas nende peale". Ülestõusnud ihu võib hingata ja samuti süüa ning juua. Tarbitud toit lahustub ja hingatakse välja. See on väga hämmastav, et tarbitud toit hingatakse meeldiva lõhnana välja ja kaob siis õhku!

Luuka 24:41-43 kirjutatakse: „Aga kui nad rõõmu pärast ikka veel ei uskunud ja imestasid, ütles ta neile: „Kas teil on siin mingit söögipoolist?" Nemad panid ta ette tüki küpsetatud kala, ja Jeesus võttis ja sõi nende silma all." Isand sõi oma jüngrite nähes, et anda neile usku ülestõusmisesse ja teadmist ülestõusnud ihust, et nad saaksid teada, et ka vaimse ihuga süüakse. Maarja Magdaleena ja jüngrid ei tundnud ülestõusnud Jeesust kohe ära ülestõusmise ihust paistva valguse tõttu. Ülestõusmise ihus ei ole arme, aga kuna Toomas kahtles, näitas Jeesus talle oma käsi. Jeesus lasi Toomasel usu saamiseks hetkeks arme näha.

Täiustatud taevane ihu

Varem selgitati, et ülestõusnud ihuga inimesed võetakse seitsmeaastase pulmasöömaaja jaoks õhku. Nad tulevad tuhandeaastaseks rahuriigiks samas ihus alla maa peale. Pärast selle lõppu pärivad nad suure valge trooni kohtu kaudu oma vastava taevase elukoha. Kui see juhtub, muutuvad nad täiuslikuks taevaseks ihuks, mida võib pidada ülestõusmise ihust kõrgemal tasemel olevaks vaimseks ihuks. Miks Jumal lasi meil vahepealses staadiumis olla? Miks me saame alguses täiustatud taevase ihu asemel ülestõusmise ihu?

See on peamiselt niimoodi, sest kolmandas taevas asuva taevariigi ja teises taevas asuva seitsmeaastase pulmasöömaaja koha vahel on palju erinevusi, kaasa arvatud vaimu tihedus ja aja voog. Sellepärast annab Jumal meile iga ruumi jaoks sobivaima ihu. Vaimse kuju, ülestõusmise ihu ja täiusliku taevase ihu juures on tavaline see, et neist kõigist paistab erineva hiilgusega virmalistelaadne valgus, mis kiirgub pühadusele jõudmise määrale vastavalt. Täiuslikust taevasest ihust paistab igaühe pühaduse määra kohasele erinevale valgusepaistele lisaks ka igaühe Jumala käest saadud tasu ja au. See on suurim erinevus ülestõusmise ihu ja täiusliku taevase ihu vahel.

Kui inimese kasvatamine on lõpule viidud, jõuab igaüks oma lõplikule pühitsustasemele ja talle tasutakse sellele vastaval määral. Seega võib igaühe vaimuvalgust nähes eristada erinevat au ja tasusid. Aga muidugi saavad kõik asjad täiesti ilmsiks alles pärast suure valge trooni kohut. Inimene saab omale täiusliku taevase ihu alles pärast seda kui Jumal igaühele antud au ja tasusid ametlikult tunnustab ja välja kuulutab.

Auvalgus

Virmaliste sarnase valguse hiilguse vaimne kuju erineb igaühe maapealse pühaduse taseme tõttu. Sellepärast kutsutakse seda hiilgust „auvalguseks". Mida rohkem keegi on pühadusele tulnud ja sarnaneb Isandale, seda selgem ja eredam on see valgus. Samuti võime me vaid valguse eredust nähes öelda, missugune on kellegi vaimse korra aukraad. Eriti suur erinevus on teises taevariigis ja kolmandas taevariigis olijate välimuse vahel, kuna auvalgus, rõivad, mida nad kannavad ja rõivaste mustrid ja kaunistused ning soengud on erinevad.

Johannese ilmutuses 19:8 öeldakse: „Ja talle on antud, et ta riietuks säravasse puhtasse peenlinasesse. See peenlinane on pühade õiged seadmised. " Nii nagu öeldud, nii mehed kui ka naised kannavad Taevas säravvalgeid puhtast peenlinasest rõivaid.

Rõivad on siidpehmed ja lehvivad, sest need on väga kerged. Seal pole tolmu ja inimesed ei higista, seega riided ei lähe kunagi mustaks isegi siis, kui neid kantakse kaua aega. On palju erinevaid kaunistusi ja mustreid, mis teevad riided väga suurejoonelisteks ja ilusateks, nii et neid ei saa võrrelda mingite maapealsete rõivastega. Lisaks lähtuvad riietest vikerkaarevärvid ja muud erinevat värvi valgused.

On olemas riideid igapäevaseks kasutuseks, peokleite, ülistusteenistuste rõivaid, spordirõivaid ja isegi rõivaid erinevate mängude mängimiseks. Igaks vajalikuks juhtumiks on vastav rõivastus. Taevas antakse inimestele tasud maapealsetele tegudele vastavalt. Seega, igaüks saab erinevat liiki ja eri koguses rõivaid. Mõnedel neist on mitmed, aga teistel on arvukalt erisorti rõivaid. Muidugi, au ei tunta ära vaid rõivastest. Me võime igaühe au ja tasud ära tunda ka pärgadest, mida nad peas kannavad ja muudest kaunistustest.

Pärgade arv, liigid, valgus ja sära erineb jumalariigi heaks usus pühaduse saavutamise ja ustava tegutsemise määra alusel. Igas taevases elukohas on erinev värvide tihedus, värviskeem ja sädeluse selgus. Aga isegi madalama taevase elukoha rõivad on igasugustest maapealsetest rõivastest suurejoonelisemad, ilusamad ja selgemavärvilised. Täiuslik taevane ihu on ise nii ilus, et sellele polekski vaja lisakaunistusi ega ehteid, aga Jumal annab igaühele nende tegude kohaselt rõivaid, pärgi ja muid rõivalisasid.

2. Vaimu juurde kuuluv hing ja ihu

Päästetud jumalalapsed elavad pärast suuer valge trooni kohut Taevas täiuslikus taevases ihus. Täiuslikul taevasel ihul on vaimule kuuletuv hing ja vaimne ihu, mis ei tooda mingisugust ihulikku jääki.

Miks on oluline teada vaimust, hingest ja ihust? Seda on vaja teada, kuna meis peab Aadama patu tõttu muutunud vaim, hing ja ihu taastuma. See on ka põhjus, miks Jumal kasvatab maa peal inimolendeid. Kui me võtame Jeesuse Kristuse vastu ja saame Püha Vaimu, elustub meie surnud vaim ja me peame oma vaimus taastuma. Me saame vaimu juurde kuuluva hinge ja ihu oma vaimu taastumisega võrdeliselt. Siis me võime olla vaimu juurde kuuluvad inimesed.

Kui inimesel on vaimu juurde kuuluv hing ja ihu, öeldakse, et ta on seisundis, kus ta „hinge lugu on hea". See on kirjas 3. Johannesele 1:2, kus öeldakse: „Armas, soovin sulle, et sul läheks igati hästi ja sa oleksid terve, nõnda nagu läheb hästi su hingel. "

Kui inimhingel läheb hästi, võib inimene lõigata lihalikud mõtted ära. Kui inimesed soovivad millegi peale mõtlemast lakata, võivad nad seda kohe teha. Inimene võib lakata teatud asju haistmast ja kuulamast. Valuaistingut võib tahtlikult kas tunda või mitte. Kuna mõtteid ja tundeid saab tahte abil valitseda, on alati rõõmu ja tänu küllus (Roomlastele 8:6). Niisugune inimene on terve ja kõik asjad lähevad tema puhul hästi korda. Haigused ei saa teda mõjutada, kuna ta võib ka oma ihu vaos hoida. Isegi kui ta eksikombel peaks haigestuma, võib ta sellest kohe usu läbi võitu saada.

Vaimu juurde kuuluv hing

Jumala loodud esimene inimene Aadam oli elav vaim ja tal oli vaimu juurde kuuluv vaim, hing ja ihu. Ta vaim valitses teda. Vaim valitses tema hinge ja ihu tõega. Aga kui ta vaim suri patustamise ajal, hakkasid ta vaim, hing ja ihu liha juurde kuuluma. Kui inimene oli elav vaim, sai ta vaid Jumala tõde ning seega toimis ta hing üksnes vaimu juurde kuuluvalt. Aga saatan hakkas inimese surmast saadik inimhinge valitsema. Surnud vaimuga ei saanud inimeses enam vaimu juurde kuuluvat hingetegevust esineda.

Aga pärast Jeesuse Kristuse vastuvõtmist võib inimene saavutada vaimu juurde kuuluva hinge tegevuse võrdeliselt Püha Vaimu kaudu eneseses vaimul sündida laskmise ja Jumala Sõnale kuuletumise määraga. Ta puudulikud teadmised, teooriad ja mõtted, mis ei ole Jumala silmis meeldivad, muutuvad tõeseks. See on 2. Korintlastele 10:5 kirjutatu kohaselt: „Ja purustame iga kõrkuse, mis tõstab end jumalatunnetuse vastu, ja me võtame vangi Kristuse sõnakuulmisse kõik mõtted."

Inimesed võtavad saatana tööd loomuomaselt vastu liha juurde kuuluva hinge määraga võrdeliselt. Isegi kui nad püüavad omada vaimu juurde kuuluva hinge tegevust, ei saa nad soovikohaselt toimida. Seega nad peavad edasi püüdma oma hinge tegevust tõeseks muuta, pidevalt oma mõtteid, sõnu ja tegusid kontrollides. Kuna nad pidevalt püüavad tuliselt palvetades seda teha, suudavad nad Jumala armu ja väe ja Püha Vaimu abiga vaimu juurde kuuluva hinge tegevust saavutada.

Vaimu juurde kuuluv hing kuuletub vaimule, sest vaim on inimese algne peremees ja täidab siis peremeherolli. Siis on sel inimesel vaid head, armastavad ja tõesed mõtted, sest ta hing tegutseb vaimu juurde kuuluvalt. Näiteks, isegi kui teised tegutsevad jämedalt või teevad talle kurja, ei saa vaimu juurde kuuluva hingega inimese tunded haiget. Ta soovib rahu ja arusaamist teistega ja ei taha nendega mingit vastuseisu. Ta tunneb väljavihastumise asemel pigem kaastunnet, et teistes on kurjust.

Muidugi on ka hea hinge looga inimeste mälus varem talletatud väärust. Aga isegi kui inimese mälu on tegev, ei saa saatan selle kallal tegutseda kui südamest on väärus ära lõigatud. Need inimesed järgivad Püha Vaimu juhatust, seega nad ei näe asju, mida nad nägema peaksid. Nad ei ole kohtumõistjad ja neis ei ole hukkamõistu ning nad elavad tõe kohaselt.

Kui nad jätkavad vaimu juurde kuuluva hinge tegevust, kaob liha juurde kuuluva hinge tegevus iseenesest täielikult ära. Nad hakkavad vihkama valede asjade nägemist, kuulmist või rääkimist. See tähendab, et nende südame astjas on täiesti tõde täis. Kuna väärus on nende südamest täiesti eemaldatud, kaob vale ka nende mõtetest. Kui südant niimoodi vaid tõega täita ja seda täielikult teha, võib meil olla vaid tõe juurde kuuluv hing.

Hing teab kõike, kuid mõtleb vaid tõest

Kui me hiljem Taevasse läheme, ei lähe sinna vaid meie vaim. Ka meie hing mahub vaimsesse vormi. See hing on vaimu juurde kuuluv hing, mis on nimelt tõde. Vaimuga ühineb vaid osa meie hingest, kust väärus on eemaldatud ja mis on tõeseks kasvanud. Kas see tähendab, et me ei tea Taevas olles valest midagi? Ei, ei tähenda. Me teame, mis on vale ja me teadmised on praegusest palju üksikasjalikumad.

1. Korintlastele 13:12 öeldakse: „Praegu me näeme aimamisi nagu peeglist, siis aga palgest palgesse. Praegu ma tunnetan poolikult, siis aga tunnetan täiesti, nagu minagi olen täiesti tunnetatud." Umbes 2000 aastat tagasi kasutatud peeglid olid hõbedast, pronksist või terasest poleeritud plaadid ja kaasaegsete peeglitega võrreldes olid need ähmased. Nendega võis näha asjade üldist kujutist, aga peeglist ei saanud asju selgelt näha. Ent tänapäeva peeglid on väga selged. Sama on Taevas. Me teame kõike selgelt ja täpselt, isegi neid asju, mida me maa peal ei teadnud.

Niikaua kui meil on vaimu juurde kuuluv hing, ei ole meil isegi mõne maa peal häbistava või alandava asja peale mõteldes valesid mõtteid ega tundeid. Siis on meil üksnes vaimsed ja tõesed mõtted tasaduse, rahu ja halastusega.

Üksteise südame vaimus mõistmine

Teiste inimeste südant võib Taevas tunda ja õigesti eristada ja me võime teiste tundeid mõista ja tunnetada. Sealsete inimeste südames ei ole samuti kurja ja seega ei ole seal väärarusaamu, eelarvamusi ega kohtumõistmist. Eriti Uues Jeruusalemmas mõistavad inimesed täielikult üksteise südant vaimus. Iga nende öeldud sõna arvestab teistega, on armastav ja teenib ning puudutab seega teiste südant. Nad mõistavad Isa Jumala ja Isanda ning samuti teiste inimeste südant, seega nad mõistavad Jumala mõtteid ja tundeid nende maapealse inimliku kasvatamise ajal; nad mõistavad ka, mida Isand tundis, kui Ta risti kanda võttis.

Ükskord lasi Jumal mul Vaimu sisenduse teel tunda Moosese südant. Ma kohtusin Moosesega, kes seisis väga eredas valguses ja ta oli täis headuse head lõhna. Kui ta mu käest kinni võttis, tuli minusse Jumala armastus. Kui ta avas oma suu, et midagi öelda, oli ta julge ja väärikas, nagu sel ajal, kui ta Iisraeli lastele kõrbes Jumala Sõna viis.

Mooses lasi mul teada saada tema lapsepõlve kohta Egiptuse palees. Ta lasi mul teada saada, kuidas ta oma lapsehoidja kaudu, kes oli tegelikult tema ema, Kõigeväelise Jumala ja oma heebrea päritolu kohta teada sai. Ta rääkis mulle juhtumist, mil

Iisraeli lapsed kummardasid kõrbes ebajumalaid ja kuidas ta end väljarände juhina tundis ja missugused olid tema tunded. Moosesele tulid neid hetki meenutades pisarad silma.

Kui keegi meenutab pisarsilmil maapeal juhtunud asju, muutuvad need pisarad varsti ilusaks valguseks. Kuulajad tunnevad samuti headust ja armastust hingede vastu, mis liigutab nende südant.

Nad tunnevad taas tänumeelt neile Taevase õnne andnud Jumala armastuse eest ja austavad Teda kogu südamest. Nad armastavad Jumalat kogu oma südamest, meelest ja hingest ja nende armastus ja tänulikkus ei muutu iialgi. Neil on sügav arusaam Jumala ettehooldest, millega Ta tahab oma armastuse jagamiseks omale tõelisi lapsi saada, isegi kui see tähendab, et Ta peab inimese kasvatamise käigus väga palju valu tundma. Sellepärast on nad talle kogu südamest tänulikud.

Vaimu juurde kuuluv ihu

Nii nagu Aadam – elav vaim, ei olnud täiuslik, ei ole vaim liha tundmata täiuslik. Samamoodi ei ole lihal ilma vaimu tundmata väärtust. Kõik, kes Jeesuse Kristuse oma päästjaks vastu võtavad, on lihas inimesed. Niisugustena nad ei saa tegelikult jumalariigi ja vaimumaailma kohta teadmisi omada. Lõpuks piinlevad nad igaveses põrgutules. Missugune on siis nende väärtus? Ainult need, kes tunnevad nii lihalikku kui vaimset sfääri ja vabanevad vaimseks muutumiseks oma lihalikkusest, on inimestena väärtuslikud.

Meie liha muutub vaimu juurde kuuluvaks võrdeliselt meie südames saavutatud pühaduse määraga. Nõrgad ja haiglased muutuvad terveks vaimseks muutumise määraga võrdeliselt, kuigi nad ei ole veel täiele pühitsusele jõudnud.

Kui me liigume vaimu, võtab vaim meie hinge ja ihu oma valdusse, et need hakkavad ühise üksusena tegutsema. Isegi selles füüsilises ruumis elades võime me vaimu kaudu oma hinge ja ihu valitseda, seega ei erine see vaimses ruumis tegutsemisest. Me võime Jumalaga selgelt suhelda võrdväärselt Aadama patu tõttu kaduma läinud Jumala kuju taastumisega meis ja me oleme õnnistatud ning kõik läheb meiega hästi.

Samamoodi aeglustub ka meie vananemine, kui me vaimseks inimeseks muutume ja pealegi võime me nooreneda, kui me terve vaimu saame. Moosese silmanägemine ei tuhmunud ja tema ramm ei raugenud, kuniks ta suri 120 aasta vanuses. Aabraham sigitas Iisaki, kuigi ta oli poja saamiseks liiga vana. Lisaks, nelikümmend aastat pärast Iisaku sündi sai ta veel kuus last lisaks (1. Moosese raamatu 25. peatükk). Eelija ja Eenok vabanesid igasugusest lihast ja liikusid väga sügavale vaimu tasemele, ilmutades Jumala iseloomu. Sel põhjusel ei allunud nad enam vaimumaailma seadusele, mille tõttu patu palk on surm ja seega nad võisid surma vältida.

Ihu, mis ei vaja toitu

Kui jumalalapsed lähevad taevariiki, saavad nad lõpuks omale täieliku taevase ihu. Nende ihud ei hävi ega lagune ja nad elavad igavesti. Matteuse 26:29 öeldakse: „Aga ma ütlen teile: Mina ei joo siitpeale sellest viinapuu viljast kuni päevani, mil ma joon koos teiega uut oma Isa riigis."

Ülestõusnud Isand ei söö midagi kuni päevani, mil Ta sööb päästetud usklikega pärast inimese kasvatamise lõppu. Nii nagu ülestõusnud Isand, ei pea meiegi vaimse ihuga oma elu jätkamiseks sööma.

Aga taevase toidu hea lõhn ja koostisosad avaldavad vaimsele kujule head mõju, seega toitu võib süüa või head lõhna välja hingata. Välja hingata võib kas lille- või puuviljalõhna ja seda saab teha mitte vaid nina kaudu, aga kogu ihu ja südamega. Kui inimesed tõid Vana Testamendi ajal ohvreid, tundis Jumal ohverdavate inimeste südamest tulevat head lõhna. Ka tänapäeval võtab Jumal ülistusteenistusel, kiituse ja ohvrianni andmise ajal meie südame hea lõhna vastu.

Head lõhna sisse hingates on tunda suuremat taevast rõõmu ja õnne. Isegi maa peal oleme me erinevat toitu süües õnnelikumad. Samamoodi tunnevad vaimsed ihud heade lõhnade sissehingamisest heameelt. Taevas ei väsi keegi millestki ja seal tuntakse sama õnne ja rahulolu ka kogu aeg ühte ja sama head lõhna sisse hingates. Kui puuvilja- ja lillelõhna sisse hingata, neelduvad need veidikeseks ajaks ihusse ja erituvad siis õhku. Inimsüdamed täituvad selle protsessi käigus suurema rõõmuga.

Ekskremente ei teki

Täiuslik taevane ihu on ihu. See haistab toitu ja võib süüa. See võib süüa erinevaid puuvilju ja juua erinevaid jooke, mis sisaldavad eluvett. Elupuu kaheteistkümnele viljale lisaks on Taevas väga palju muid vilju ja me võime neid süüa nii suures koguses ja nii palju kui me tahame. Seal on ka palju joogiliike.

Kas me ka Taevas sööksime meile maa peal meeldivat toitu? Kas Taevas on liha, leiba ja kooke? Kas me tunneksime seal puudust mõnest maapealsest toidust? Kui me läheme Taevasse, ei taha me süüa toitu, mida me maa peal tavaliselt sõime. Kui meil on kolmanda taeva ruumi jaoks kõige sobivam ihu, võime me igavesti ka söömata elada.

Muidugi võite te meenutada teile maa peal meeldinud teatud liiki toitu ja soovida Taevas midagi sarnast süüa. Te võite siis teha midagi selle sarnast. Aga kuna Taeva puuviljad ja joogid maitsevad palju paremad, ei taha te tegelikult mingit minevikus saadud füüsilist toitu süüa.

Kui me Taevas midagi sööme, lahustub see ja eritub hingamise kaudu, seega seal ei ole mingisuguseid maapealsete sarnaseid ekskremente. Tarbitud toit eritub loomulikul teel hingamise kaudu, jääb natukeseks ajaks hea lõhnana püsima ja kaob siis õhku. See on väga mugav ja hämmastav, et me ei pea seedima ega jääkaineid väljutama, nagu maa peal sündis! Ilmselt ei ole seal tualettruume, kust tuleks kahtlast lõhna. Taevas on meil täielik taevane ihu.

Samamoodi on igas taevariigi elupaigas. Aga kui meis on rohkem lihalikku hinge ja vähem vaimset hinge, on meie vaimukuju vähese säraga. Meile antakse kas paradiisis, esimeses taevariigis või teises taevariigis eluase, mis vastab meie vaimse hinge arendamise määrale. Me võime minna kolmandasse taevariiki või Uude Jeruusalemma ainult siis, kui me hing kuulub täielikult vaimu juurde ja ükski osa hingest ei ole lihalik.

Jumal laseb meil külvatut lõigata ja annab meile tagasi Tema armastuse ja õiglusega tegutsemisega võrdväärselt. Taevane eluase ja järk otsustatakse meie vaimuvalguse sära järgi ja seega me peaksime püüdma tuliste palvete abil vaimse hinge ja ihuga inimeseks muutuda.

3. Jumala and

Jumal valmistas päästetud lastele anni ja see on taevariigi igavene elu. Me saame erineva taevase eluaseme vastavalt sellele, kuidas me läbime maapealse inimese kasvatamise protsessi ja saame Jumala südamele meelepärast taotlevaks inimesesks.

Jumala suur plaan lõigata usklikke, kes on lõikuse „vili", on ka tänapäeval tegev. Ta otsib neid, kes usuvad kogu loodus nähtavat Jumala väge ja jumalikku loomust ja kes elavad Jumala Sõna alusel. Need on kristallselged ja ilusad hinged. Piiblis räägitakse meile lõpuajast. Vaimselt ärksad inimesed tunnevad, et inimese kasvatamise aja lõpp on väga lähedal.

Aadama langemisest alates sai inimkond järglasi ja arendas tsivilisatsioone. Nad kogesid ka elu, vananemist, haigust ja surma. Pärast inimese kasvatamise lõppu kutsub Jumal kõik usklikud „õhku", mis asub teises taevas. Ta teeb „võluva" peosöömaaja ja laseb meil seitse aastat Isandaga armastust jagada.

Johannese ilmutuses 19:7-9 kirjeldatakse seda:

Rõõmustagem ja hõisakem ja andkem talle au, sest Talle
pulmad on tulnud ning tema naine on ennast
seadnud valmis, ja
talle on antud, et ta riietuks säravasse puhtasse peenlinasesse.
See peenlinane on pühade õiged seadmised. Ingel ütles mulle:
„Kirjuta: Õndsad on need, kes on kutsutud Talle

pulmasöömaajale." Ta ütles mulle: „Need on Jumala tõelised sõnad."

Jumala armastus ei lõpe sellega. Pärast pulmasöömaaja lõppu laseb Jumal meid Isandaga mesinädalatele mineva vastabiellunud paari kombel maa peale tulla ja Temaga tuhat aastat valitseda. Ta uuendab esimese taeva, mis oli inimese kasvulava ja laseb päästetud usklikel kõige täielikumal määral Isandaga armastust jagada.

Johannese ilmutuses 20:6 öeldakse: „Õnnis ja püha on see, kes saab osa esimesest ülestõusmisest; nende üle ei ole teisel surmal meelevalda, vaid nad on Jumala ja Kristuse preestrid ning valitsevad koos Temaga kuningatena tuhat aastat."

Jumal ilmutab pärast tuhandeaastase rahuriigi lõppu oma armastatud lastele valmistatud annid ja tasud. Ta annab suure valge trooni kohtus neile maa peal tehtu eest tasud ja omistab neile nende usumõõdu kohase taevase eluaseme. Neile antakse alalised elukohad kolmandas taevas, mis on paik, kus pole pisaraid, kurbust, valu, haigust ega surma ja nad võivad elada täielikus taevases ihus head, armastavat, rõõmsat ja õnnelikku elu.

Jeesus lubas Johannese 14:2-3: „Ja kui ma olen läinud ja teile aseme valmistanud, tulen ma jälle tagasi ja võtan teid kaasa enese juurde, et teiegi oleksite seal, kus olen mina. Ja kuhu ma lähen, sinna te teate teed."

Missugune näeb igavene taevariik välja ja missugust elu me seal elame?

Uus taevas ja uus maa

Taevas on puhas ja selge. Jumal tegi taeva siniseks, sest see laseb meil tunda selle sügavust, kõrgust ja selgust. Jumal tahab, et Ta armastatud lapsed elaksid kristallselge ilusa südamega igavesti ja õnnelikult.

Ka taevariigi taevas on pilved. Pilved on kaunistuse kujuliselt olemas ilu suurendamiseks. Pilved lisavad taevakodanike südamesse rõõmu. Kui Uues Jeruusalemmas olijad mõtlevad Jumala armastuse peale ja kiidavad selle eest taevasse vaadates Jumalat, loevad inglid peremeeste mõtteid ja teevad vahel südamekujulisi pilvi või kirjutavad pilvede abil sõnumeid.

Taevas on Jumala auvalgus, mida ei saa isegi päevavalgusega võrrelda. See paistab eredalt igast nurgast, Uuest Jeruusalemmast paradiisini (Johannese ilmutus 22:5).

Jumala auvalgus on väga selge ja ere, et kui see paistaks paradiisis olijatele, ei suudaks nad ereduse tõttu isegi oma pead tõsta. Sellepärast vähendabki Jumal järk-järgult Uuest Jeruusalemmast allapoole jäävate muude elukohtade valguse eredust. Kui Uuest Jeruusalemmast ja kolmandast taevariigist teise taevariiki ning paradiisi minna, väheneb valguse eredus.

Jumala väega on Taevas neli aastaaega — kevad, suvi, sügis

ja talv. Tegelikult pole seal nelja aastaaega vaja, aga need on jumalalastele valmistatud, et nad võiksid iga aastaaja erinevat loodusvaadet kogeda. Nad võivad näha sügislehti ja isegi talvelund.

Jumal tegi asjad kõige täiuslikumalt ja ilusamalt, et me võiksime tunda selle maa erinevate aastaaegade ilu. See aga ei tähenda, et Taevas oleks ilma ja aastaaegadega seostatud „külma" või „palavust". Eri aastaajad erinevad, aga neid ei tunta aastaaegade palavuse ega külma kaudu. Temperatuur on kogu aeg elamiseks kõige sobivam.

Taevane muld ei ole tolmust, vaid kullast, hõbedast ja eri vääriskividest. Terasel on maa peal keskmine tihedus, aga pulbrina lendleb see tuules minema. Aga kui see on pallikujuline, ei puhu tuul seda ära. Kuld, hõbe ja muud väärtuslikud kalliskivid on ümara kujuga, seega Taevas ei ole tolmu.

Kuldtee ja kalliskivitee

Igas taevases elukohas on kuldtee. Muidugi erineb kuldtee sära erinevates taevastes kohtades. Mida lähemale Uuele Jeruusalemmale minna, seda eredamaks muutub sära. Erinevalt maapealsest puhtast kullast on taevane kuld raske, aga see tundub väga pehme, kui selle peal käia. Maa peal on inimese käe suurune kullatükk üsna harva esinev. Aga kui näha klaasja säraga lõputut kuldteed, võib selle suurejoonelisust vaid ette kujutada! Puhas kuld tähistab vaimse usu muutumatut omadust. Iga elukoha kuldtee sädeluse hiilgus erineb, sest taevane elukoht määratakse igaühe usumõõdu kohaselt.

Jumal ei omista paradiisi kullale suuremat tähendust. Aga kui esimesest taevariigist teise taevariiki ja kolmandasse taevariiki minna, on elanikud täieliku usumõõdu omamisele järjest lähemal, seeega iga kõrgema elukoha puhtal kullal on sügavam tähendus, mis väljendub sädeluse hiilguses.

Kuldteele lisaks on teisi teid, nagu lilletee ja kalliskivitee. On ka teid, mille peal pruugib vaid seista ja Jumala vägi viib teid edasi. Vaimukuju on väga kerge, otsekui puuduks sel kaal. Seega, kui lillede peal käia, ei purune need. Lilled rõõmustavad ja eritavad rohkem head lõhna kui jumalalapsed neile lähenevad.

Kalliskiviteedel on palju eriliiki kalliskive, millest paistab imelist valgust. Kui nende peale astuda, tuleb neist veelgi rohkem ilusat valgust. Aga kalliskiviteid ei näe kõikjal taevariigis. Need tehakse vaid Isandale täielikult sarnanevate ja Jumala inimese kasvatamise ettehoolde heaks suure panuse teinud inimeste majadesse ja nende ümber.

Eluvee jõgi

Eluvee jõgi lähtub Jumala troonilt. See voolab läbi kogu taevariigi ja naaseb oma lähtekohta. See jõgi on selge ja kristallpuhas ning voolab väga vaikselt, otsekui see ei voolaks üldsegi. See ei aurustu ega saastu mitte kunagi. See sarnaneb merelainetele, mis säravad kalliskivide laadselt, peegeldades päikesepaistet selgel päeval. See kujutab kõike looduses elustava eluvee allikaks oleva Jumala südant. Jumala süda on ilus süda, mis on pimestavalt särav ja veatu ja plekitu. See on kõige poolest täiuslik.

Eluvee jõe taevariigist läbi voolamine tähendab, et Jumal valitseb kõiki hingi Taevas, lastes neil iga päev oma armust rõõmsalt elada. Eluvesi maitseb veidi magusalt ja on midagi, mida maa peal kunagi maitsta ei saa. Selle joomine annab meile elu, jõudu ja rõõmu.

Johannese ilmutuses 22:2 öeldakse, et see voolab tänava keskelt. Seega, jõe mõlemal pool on teed. See lähtub Jumala troonilt ja voolab läbi kõigist taevariigi nurkadest, seega kui jõe kummalgi poolel teedpidi minna, viib see lõpuks Jumala troonini. See tähendab vaimselt, et kui eluvett tähistava Jumala Sõna kohaselt elada, ei jõuta vaid taevariiki, aga ka kõige ilusamasse taevasessse elukohta – Uude Jeruusalemma.

Eluvee jõe ja tee mõlemal küljel on kuldsete ja hõbedaste liivadega jõekaldada. Taeva pallikujuline liiv on küll tugev, ent tundub pehme. Inimesed ei saa sellel veeredes ega joostes viga ja see ei kriimusta neid. Liiv ei lendle tuulega minema ja ei kleepu mullataoliselt taevase rõiva külge.

Jões saab ka ujuda. Isegi kui te ei oska maa peal ujuda, võite te taevas vabalt ujuda. Maa peal ujuma mineku jaoks tuleb meil tavaliselt ujumisriided selga panna. Aga taevane vesi ei tungi taevastest riietest läbi. See üksnes rullub riidematerjali pinda mööda maha. Seega te võite vabalt oma tavarõivastuses ujuda.

Mõlemal pool jõekallast pidi kulgevate kuldteede äärde on ehitatud ilusad pingid. Neid ümbritsevad kaheteist eri viljaga elupuud. Johannese ilmutuses 22:2 öeldakse: „Keset linna tänavat ja mõlemal pool jõge on elupuu, mis kannab vilja kaksteist korda..." See ei tähenda, et vili langeks maha ja siis uus vili asendab selle igakuiselt. See tähendab, et puu kannab alati kahtteist liiki vilju.

Elupuu vili on melonisuurune, aga õunakujuline. See on punakas ja ilusat värvi. Kaksteist vilja erinevad veidi oma läike, suuruse, kuju ja maitse poolest. Kui keegi võtab puust ühe vilja, kasvab uus vili kohe selle asemele. See on igast maapealsest viljast parema lõhnaga ja selle maitset ei ole võimalik inimlike sõnadega kirjeldada. See sulab suus nagu suhkruvatt.

Ükskord näitas Jumal mulle nägemuses pilti eluvee jõest. Jumalalapsed istusid kulla ja väärtuslike kalliskividega kaunistatud pinkide peal. Nad vestlesid teineteisega meeldivalt. Kui nad mõtlesid jutuajamise käigus, et nad tahaksid elupuust süüa, lugesid teenijad inglid nende mõtteid ja tõid neile kuldkorvis vilju. Te võite pinkide peal oma lähedastega istudes jõge vaadata või lihtsalt jalutades meeldivalt juttu ajada. Selline elu on väga õnnelik!

Taeva loomad ja taimed

Taevas on loomade, lindude ja kalade arv lihtsalt arvutu. Seal on palju liike, mida maa peal ei ole ja on maapealseid liike, mida Taevas ei ole. 3. Moosese raamatu 11. peatükis jäledateks peetud loomi Taevas ei ole.

Taeva loomad on maapealsetest veidi suuremad. Nad näevad veidi majesteetlikumad välja ja on ometi leebe loomuga ja kuulekad. Imetajate karvast ja lindude sulgedest tuleb eredat valgust ja õrna lõhna. Isegi lõvi ei ole verejanuline, vaid leebe. Lõvi puhas karv ja kuldne lakk on väga hämmastav vaatepilt.

Taeva loomad tervitavad jumalalapsi ja rõõmustavad neid nähes. Eriti Uues Jeruusalemmas on inimesi, kes saavad tasuks omale lemmikloomi või isegi loomaaia. Loomad teevad peremehe meeleheaks toredaid trikke. Loomad ei mõista peremeeste mõtlemist, kuna neil on hing. Nii nagu inglid kuuletuvad Jumala käskudele, tegutsevad Taeva loomad, kes on vaimolendid, peaaegu automaatselt oma peremehele armsal moel.

Taevas on palju taimeliike, kaasa arvatud elupuu, teised viljapuud ja lilled. Maapealsed taimed saavad juurtest toitaineid ja on energiaallikaks fotosünteesi protsessi kaudu. Aga taevased taimed elavad nende protsessideta igavesti, tehes seda Jumalalt saadud elujõuga. Taimede juured ei ima toitaineid. Nad lihtsalt ilmutavad iga taime iseloomulikke omadusi. Muidugi võivad ka lillede kujud, lõhnad ja viljad näidata erinevust, aga ka juured on erinevuse näitajaks.

Taeva taimedest tuleb tugevat, ent õrna ainulaadset lõhna. Nad võivad millegi väljenduseks väriseda või oma harusid painutada. Nad võivad liikuda, otsekui oleksid nad inglid, kes tantsivad kiituslaulude saatel. Nad võivad ka kiita Jumalat, eritades võimalikult palju lõhna.

Lehed, õied ega viljad ei lange kunagi ja ei tee seda isegi aja jooksul. Nende meeldiv lõhn ja värvus ei muutu iialgi. Kui lille noppida, kasvab selle asemel kohe uus lill. Samamoodi on viljadega. Korjatud lilled ei närtsi samuti ja nende värskus säilub. Kui te tahate lille hoida, püsib see nii kaua kui te soovite. Kui te tahate sellest lahti saada, see hajub ja kaob õhku. Mõned lilled lõhnavad tugevamalt, kui need on pulbriks tehtud. Kui te soovite, võite te lille nii kaua kui soovite pudelis hoida.

Igal taimel on oma ainulaadne lõhn. Neil on värske, magus, õrn või ülev lõhn. Iga taevase elukoha lõhnal on eri tähendus. Näiteks, paradiisi roosid on lihtsalt üks lilleliik paljude seast. Aga Uue Jeruusalemma elaniku kodus sisaldub omaniku süda kodus olevas roosilõhnas. Külalise korral eritavad roosid külalise jaoks omaniku südame väljendamiseks erilist lõhna. Uue Jeruusalemma eri majades olevad roosid lõhnavad erimoodi.

Samuti ei ole teistes elukohtades mõningaid taimi, mis on Uues Jeruusalemmas. Lilleliikide arv kahaneb Uuest Jeruusalemmast paradiisi poole minnes. Samuti on lillede isikliku kasutamise vabadus ühe enam piiratud. Igas elukohas on ka erinev rohumurul istumise mugavustase ja muru värvus.

Jumal on kõik Taevas oleva, kaasa arvatud loomad ja taimed, teinud oma päästetud lastele. Neile jumalalastele, kes elasid maa peal vaid Jumala tahte kohaselt, antakse Taevas kõik, mida nad soovivad.

Taeva kultuurielu

Jumal tegi igasse taevasesse elukohta erinevad puhkerajatised, et Ta lapsed oleksid rõõmsamad ja õnnelikumad. Nende suurust ei saa selle maailma kõige suuremate lõbustusparkidega võrrelda. Seal on ka palju põnevat.

Kuna me oleme Taevas täielikus taevases ihus, ei ole meil karta vaja. Meil ei tule karta mingisuguseid ameerika mägede moodi sõite. Need valmistavad teile lihtsalt põnevust. Lõbustusparkidele lisaks on väga palju muud meelelahutuseks, puhkuseks ja naudinguks. Meil võivad Taevas teatud oskuste arendamiseks olla ka hobid, nii nagu maa peal.

Me võime tunda head meelt asjadest, mis meile maa peal head meelt valmistasid. Pealegi, kui me maa peal Jumala töö tegemiseks piirasime teatud asjade tegemist, võime me teha neid asju nii palju kui me soovime. Me õpime ka uusi asju. Näiteks, me võime õppida mängima muusikariistu nagu viiulit, flööti või harfi. Taevas on igaüks tark ja suurepärane, seega me võime neid väga kiiresti mängima õppida.

Taevases spordis ei ole ühtegi mängu, miks teistele vigastusi või kahju võiks tekitada. Igal mängul on ka teatud reeglid. Me võime tegeleda meeskondliku spordiga nagu võrkpalli, korvpalli, jalgpalli või pesapalliga. Taevas on ka individuaalsemaid mänge nagu tennis, suusatamine, golf, keegel ja ujumine. Seal võib tegeleda ka spordialadega nagu deltaplaaniga lend, surfilauaga sõit või purjetamine. Taeva spordirajatised ja –varustus on õnnetuste eest kaitstud ja kaunistatud kulla ja kalliskividega, et meie rõõm oleks suurem.

Taevas ei ole koht, kus võistluse võitmisest head meelt tuntakse. Te võite tunda piisavalt suurt rõõmu ja rahulolu lihtsalt spordiga tegelemisest. Teil võib tekkida küsimus, mis mõte on mängida mänge, kus võita ei saa? Kuna Taevas ei ole kurja, valmistab teistel mängu võita laskmine suuremat rõõmu ja kasu.

Muidugi on ka mänge, kus heas usus võistlemisest rõõmu tunda. Näiteks, inimesed hingavad võimalikult palju lillelõhna sisse ja hingavad seda siis teiste ees välja. Punkte antakse lõhna väljahingamisel Jumalale meeltmööda oleku määrale vastavalt või vastavalt sellele, kui hästi teis eri lõhnad sulanduvad. Võistluse mõtteks on teistele võimalikult suure rõõmu valmistamine ja see on ka Jumalale meelepärane. Taevas on veel väga palju muid meelelahutuse liike, mis valmistavad kõigest maapeal tuntust enam rõõmu. Need ei väsita nagu kaubanduslikud mängud või videomängud ja te ei tüdine mitte millestki.

Taevas võib ka filme vaadata. Kinodes võib näha inimese kasvatamise ajal aset leidnud suurejoonelisi sündmusi. Loomisest, Noa aegsest veeuputusest, väljarändest, Jeesuse teenistusest, risti ettehooldest ja Püha Vaimu tulistest tegudest lõpuajal ning iga usuisa lugudest on tehtud filmid.

Näiteks, kogu apostel Pauluse elust võib filmi näha. Te võite näha, kuidas ta kohtus Isandaga ja kuidas ta pühendas kogu oma elu armastusest Isandale. Te võite teada saada üksikasju, mida Piiblisse pole kirja pandud. Te näete Pauluse elu, otsekui te oleksite temaga nende sündmuste ajal kaasas ja tema väga suurt tagakiusamist, mis ületas inimliku taluvuspiiri. Te võite kogeda, kuidas ta Filipposes vangistati ja kuidas ta isegi laevahuku ajal Jumalat tänas ja kiitis. See on emotsionaalselt ülihaarav!

Taevane transport

Taevariigis saab saladuslikke ja ilusaid kohti külastada. Kõikjal, kuhu me läheme, on hingematvalt ilusad vaatepildid. Aga täielik taevane ihu ei tunne väsimust ka pärast pikaajalist reisimist. Vaimusüda on muutumatu, seega me ei tunne tüdimust ka siis, kui me külastame sama kohta.

Reisimiseks on erinevaid transpordimooduseid. On avalikke transpordiviise nagu taevarong. On olemas eratransport nagu pilveautod või kuldkaarik. Taevarong on erivärviliste hiilgavate kalliskividega kaunistatud ja pakub reisijatele maksimaalset mugavust. On tõesti meeldiv näha ka aknataguseid vaateid. Kui paradiisi usklikke kutsutakse Uude Jeruusalemma külastama, lähevad nad sinna taevarongiga. Rong võib taevas tegelikult väga kiiresti linnulennul liikuda.

Kuigi on tegu pilveautoga, pole see udust, vaid aupilvest. See lisab taevasesse ellu ilu. Kui pilveautoga sõita, tekitab see väärikuse ja meelevalla tunde. Kui Isand naaseb, tuleb Ta pilvedel (1. Tessalooniklastele 4:16-17; Johannese ilmutus 1:7). See on nii, kuna aupilvedes tulek näeb välja väärikam, austusväärsem ja ilusam.

Jumal annab kolmandasse taevariiki või kõrgemasse kohta minejatele pilveauto. Kolmandas taevariigis on pilveautod avalikuks kasutuseks, aga Uues Jeruusalemmas antakse nad erakasutuseks. Selles mõttes näitab juba pilveauto omamine omaniku au.

Uues Jeruusalemmas olijad võivad Isandaga pilveautodes ka reisile minna. Tavaliselt juhivad pilveautosid inglid. Mõned neist on väikeste sõiduautode taolised, aga teised on suuremad ja mahutavad rohkem reisijaid. Samuti erinevad disain, värvid ja kaunistused. On olemas ka väikesest pilvetükist tehtud auto, mida kasutatakse lühikeste vahemaade läbimiseks. Auto võtab inimese enesesse ja paneb ta õrnalt sihtkohas maha, näiteks golfimängus golfisõidukisse!

Taevane ülistusteenistus ja haridus

Ka Taevas osaletakse ülistusteenistustel. Jumal ise edastab sõnumeid. Me saame üksikasjalikke teadmisi vaimumaailma, kaasa arvatud Jumala päritolu, aja alguse ja igaviku kohta. Meil on ka aega, et Isandat kuulata. Me räägime ka Jumala, Isanda ja Püha Vaimuga ja see on Taevas palve eest. Me kiidame ka Jumalat uute lauludega.

Kui Taevas oma elukohast kõrgemal asuvat kohta külastada, tuleb riided kohale ja sündmusele vastavalt ringi vahetada. Uues Jeruusalemmas peetavat ülistusteenistust edastatakse kõikjale, seega igaüks võib Taevas teenistusest osa saada, asukohast sõltumata. Kuid selle jaoks ei ole vaja keerukaid seadmeid. Inglid avavad tohutusuure riidetüki sarnase eseme, millest saab videoekraan. Iga elukoha jaoks reguleeritakse automaatselt valgustus ja värvid, seega sealviibijad võivad vaadata elavat videot, mis paneb neid tundma, otsekui oleksid nad kohapeal.

Valgust tuleb igas elukohas reguleerida, sest kui Jumala valgust edastada olemasoleval kujul, ei saaks kolmandas taevariigis või sellest allpool olijad Teda üliereda valguse tõttu otse näha. Teises taevariigis ja sellest allpool olijad ei suudaks isegi oma pead tõsta, et Isa Jumalat ekraanilt näha, sest nende südametunnistus ei laseks neil seda teha.

See kehtib eriti paradiisis olijatele, kes „pääsesid häbiga". Nad ei suuda piinlikkuse ja teatud häbitunde tõttu isegi videoekraani vaadata. Lisaks ülistusteenistustele, kus Jumal on kõneleja, võite te ülistusteenistusele rääkima kutsuda Isandat, Püha Vaimu või usuisasid nagu Moosest ja Paulust.

Me jätkame isegi pärast taevasseminekut uute asjade õppimist. Taevariik on lõpmatu ja seega me ei suuda kunagi kõike enne igavikku ja kogu igaviku vältel olemas olnud Looja Jumala kohta teada saada, hoolimata sellest, kui palju õppida. Raske on täielikult mõista kõike universumis valitseva Jumala lõpmatut sügavust. Me tunneme, et Taevas on täis asju, mida me peame tõeliselt tundma õppima. Aga taevased õpingud valmistavad maapealsetega võrreldes üksnes rõõmu. Me saame õppides kõigest aru. Me ei unusta kunagi seda, millest me korra aru saime, seega õppimine ei valmista mitte mingit raskust. Pealegi me ei kuula lihtsalt loenguid, vaid näeme ka kolmemõõtmelisi saateid, mis aitavad asjadest aru saada.

Kujutage ette, kuidas Jumal ütleb oma algse häälega, mis kõlab kogu universumis: „Saagu valgus!". Ja valgus saab ja valgused eralduvad ning kõik see sünnib meie nähes! Samuti, kujutage vaid, kuidas te näete veest moodustuvat laotust ja vete jagunemist. See on suurejooneline ja võrratu!

Erinevad taevased pidusöömaajad

Taeva erinevaid pidusöömaaegu võib pidada taevase elu rõõmu kõrghetkeks. Need lasevad meil tunda ainsa silmapilgu vältel Taeva rikkalikkust, vabadust, ilu ja au. Pidusöömaaegadel vaatavad inimesed lähedastega spetsiaalseid etendusi või tantse, kus esinejad kannavad kõige ilusamaid kostüüme ja kaunistusi. Isegi siis, kui te maa peal hästi ei tantsinud, võite te Taevas kiiresti tantsima õppida ja hästi tantsida.

Isegi maa peal võib inimene Püha Vaimu sisenduse kaudu liikuda seisundisse, kust temast lähtuvad uued keeled ja uued laulud. Siis hakkavad käed ja käsivarred automaatselt rütmiliselt liikuma, et tantsida ja Jumalat kiita. Taevas võib igaüks täielikus taevases ihus igasuguse muusika saatel ilusalt tantsida. Jumalat võib isegi soolotantsuga austada.

Taevas on palju erinevaid pidustusi ja need on igas elukohas erineva suuruse ja tasemega. Uues Jeruusalemmas peetakse pidusöömaaegu Kolmainu Jumala nimel või pidusöömaaegu peetakse vastavalt Isa Jumala, Jumala Poja ja Jumala Püha Vaimu nimel. Vahel kutsutakse kõigist elukohtadest kõik inimesed Kolmainu Jumala nimel peetavast pidusöömaajast osa saama.

Näiteks, pärast suure valge trooni kohut antakse meile Taevas meie jaoks kohased elukohad ja siis peetakse Uues Jeruusalemmas esimene pidusöömaaeg. Jumal kutsub kõik taevariigi kodanikud sellest pidusöömaajast osa saama. Sellest võivad osa saada kõik, kes on Uues Jeruusalemmas ja kolmandas taevariigis, aga teisest taevariigist, esimesest taevariigist ja paradiisist võivad pidusöömaajal osaleda vaid esindajad.

Kui teiste eluasemete inimesed tulevad Uues Jeruusalemmas

toimuvale pidusöömaajale, peavad nad oma riided ja ehted Uue Jeruusalemma jaoks sobivate vastu välja vahetama, sest taevaste ihude valgus erineb igas eluasemes. Kui nad riietuvad Uue Jeruusalemma jaoks sobivatesse rõivastesse, võivad nad kohaga kohaneda ja on seal peetava pidusöömaaja jaoks sobivad.

Inimesed võivad oma rõivastust selleks määratud alades vahetada. Nende jaoks on valmistatud väga palju erinevaid rõivaid. Inglid aitavad neil pärast rõivaste valikut riietuda. Aga paradiisist tulijad peavad inglite abita riietuma. Kui nad kannavad Uue Jeruusalemma kiirgavaid rõivaid, tunnevad nad sõnulseletamatust aust meeleliigutust ja ei tunne end väärilistena, sest nad pole taoliste rõivaste kandmist ära teeninud.

Riietest erinevalt ei valmistata Uue Jeruusalemma jaoks pärgi. Igaüks peab oma pärja kaasa tooma. Kolmanda taevariigi pärjad on Uue Jeruusalemma omadest väga erinevad ja pärja paremas nurgas on väike ümmargune märk. Teise taevariigi, esimese taevariigi ja paradiisi elanikud panevad oma rinna vasakule poolele ümmarguse sümboli, et neid saaks Uue Jeruusalemma või kolmanda taevariigi elanikest lihtsalt eristada. Teise ja esimese taevariigi elanikud panevad pidusöömaajal osalemise jaoks pärjad pähe, aga paradiisis olijatel ei ole pärgasid ja nad ei kanna neid.

Erinevate eluasemete pidusöömaajad

Inglid kannavad tavaliselt hoolt kaunistuste, kohanäitamise, toitlustamise ja kõige muu eest, mis puudutab taevaste pidusöömaaegade ettevalmistust. Nii nagu lennukitel on vastava reisiklassi jaoks eriteenused, on igas taevases elukohas erinev teenindustase ja pidusöömaaja ettevalmistused.

Kui Uue Jeruusalemma pidusöömaaegu pidada kuningliku või üliku perekonna korraldatud pidustusteks, võib paradiisi pidusöömaaegu võrrelda peoga, mida vaesed talupojad peavad oma lähedastega. Aga see on üksnes allegooria ja ei tähenda, et paradiisi pidusöömaajad oleksid mingil moel viletsad või halvasti ettevalmistatud. See tähendab lihtsalt, et Uue Jeruusalemma ja paradiisi pidusöömaajad erinevad väga palju.

Paradiisi pidusöömaaegu ei peeta mingi üksikisiku jaoks, vaid need on avalikkusele või teatud rühmadele. Paradiisis ei ole teenijaid ingleid, seega inimesed peavad kõik ise ette valmistama. Aga isegi paradiisis ei ole kurja, vaid üksnes headus ja armastus, seega kõik valmistuvad pidusöömaaegadeks rõõmsalt ja õnnelikult ette. Igaüks teenib teisi arvestades, et pidusöömaajast maksimaalset naudingut saada. Tegelikult kogetakse seal rõõmu, mida me ei suuda iialgi tunda isegi kõige luksuslikumal selle maailma peol. Seega, Uue Jeruusalemma pidusöömaaegadel tuntakse väga suurt õnne ja õndsust!

Esinemised

Laulud ja tantsud on Taeva pidusöömaaegade olulised osad,

samamoodi nagu maa peal. Ilusad inglid tantsivad elegantselt või mängivad muusikariistadel ja laulavad laulusid. On ka esinejaid, kes kiidavad või mängivad muusikariistu koos inglitega. Inglite kiitus, tants ja muusikapalad on veatult ilusad ja oskuslikud. Aga Jumala jaoks on inglite esinemisest veelgi meeldivam jumalalaste kiitus, tants ja instrumentaalmuusika esitus, sest nad teevvad seda Jumala südant mõistes ja armastusest Tema vastu.

Uues Jeruusalemmas on ka spetsiaalsed esinemissaalid. Seal on suurejoonelised imelised saalid, mis on New York City Carnegie Hallist või Madison Square Gardenist või Sydney Opera House'ist, kus toimuvad pidevalt külalisesinemised, palju suuremad ja ilusamad. See ei ole esinejate oskuste näitamiseks, vaid üksnes Jumala austamiseks ja Isanda ja teiste inimeste rõõmsaks ja õnnelikuks tegemiseks.

Valdavas enamikus on esinejad need, kes esinesid ka maa peal ja vahel nad esitavad uuesti maa peal esitatut. Samuti on esinejate seas inimesi, kes tahtsid maa peal esineda, aga ei saanud ja kes õpivad Taevas uusi kiituslaule ja tantse ja esitavad neid.

Vastavalt esinejate pühitsusele jõudmise määrale võivad nad esineda vaid Uues Jeruusalemmas, kolmandas taevariigis, teises taevariigis või esimeses taevariigis. Uue Jeruusalemma lauljad, tantsijad ja muusikariistade mängijad on tippklassi esinejad, keda kõik Taeva inimesed armastavad. Kõik Taevas olijad võivad nende etendusi näha Uues Jeruusalemmas Kolmainu Jumala nimel peetavate pidusöömaaegade tõttu, mis edastatakse otseülekandena kõikidesse taevastesse elukohtadesse.

Videoekraan avatakse õhus kõige mugavamas nägemiskõrguses, seega elavat videot nähes tuntakse, otsekui oldaks tegelikus sündmuskohas. Niimoodi saavad Uue Jeruusalemmas pidusöömaajad või esinemised puudutada teiste elukohtade inimesi. Samamoodi nagu maapealseid kuulsusi järgivad fännihulgad, järgivad neid kiituse eest vastutavad inglid. Nad kutsuvad neid „isandaks“ ja püüavad oma isandatele meeldida ja õnne ja rõõmu valmistada.

Arvukate inglite poolt armastatud ja jumaldatud olek

Uues Jeruusalemmas on üks naine, keda austatakse väga palju ja keda järgivad arvukad inglid. Ta kasvatas maa peal olles omale täiusliku vaimusüdame. Ta nimi on Maarja Magdaleena. Ta kannab sädelevat maksikleiti. Ta juuksed ulatuvad vöökohani. Ta on silmipimestavalt ilus ja kannab peas pärga.

Maarja Magdaleena kasvas maa peal elades täielikult heaks ja ta vaimukujust lähtub väga eredat auvalgust. Ta hääl on täis alandlikkust ja tasase kõlaga nagu väike jõevool. Kui ta räägib, tuleb temast alandlikkuse ja headuse lõhna ja ta sõnad liigutavad kõiki ingleid ja inimesi. Seega, vahel ümbritsevad Maarja Magdaleenat tema juures asuvad inglid ja nad kiidavad tema headuse lõhna.

Ta on väga austatud seisundis, sest ta näeb Jumalat kogu

aeg, seega üksnes teda nähes võib tunda tema südant, väärikust ja Jumaa auvalgust. Aga kuidas Maarja Magdaleena saavutas niisuguse auväärse seisundi?

Maarja Magdaleena tervenes paljudest haigustest ja sai Isandaga kohtudes vabaks pimeduse väest. Ta oli niisuguse Isanda armu eest väga tänulik ja teenis Teda muutumatu suhtumisega. Kui Jeesus risti löödi, lahkusid paljud, kes Teda varem järgisid. Aga ta süda oli niivõrd muutumatu, et ta oli Jeesusega kuni Ta surmani. Ta käis isegi Tema haual. Lõpuks sai ta Uues Jeruusalemmas Jumala trooni lähedase koha, kus olla.

Jumal tahab oma igavest armastust jagada tõeliste jumalalalastega, kes on kasvatanud Maarja Magdaleena südame taolise ilusa hea südame.

Jesaja 43:21 öeldakse: „Rahvas, kelle ma enesele olen valmistanud, peab jutustama minu kiidetavusest." Jumal ei taha vaid ilusaid hääli, imelist koreograafiat ega hämmastavat muusikariistade heli. Ta tahab kiitust, mis tuleb tõesest ja heast südamest. Jumal laulab vahel samuti. Ta laulab ilusa meloodia ja riimiga hämmastavatest asjadest, mida Ta ainusündinud Poeg Jeesus on teinud või Püha Vaimu kaudu ilmsiks saanud erakordsetest tegudest.

Mitte keegi ei saa Tema lauluhäält jäljendada. See on nii

ilus, et kõik on vaid seda kord kuulates täiesti lummatud. See on samuti nii vali hääl, et see võib kogu maailma raputada, aga igaüks Taevas ei suuda seda kuulda. Seda kuulevad ainult need, kes on Uues Jeruusalemmas Jumala trooni lähedal. Seega on soovitav jõuda terve vaimu tasemele, kiita Jumalat igaveses taevariigis ja jõuda aulisele positsioonile, kus me võime kuulda isegi Jumala laulmist.

3. osa

Inimolendi piiridest kaugemale minek

Jumala ruumi kogemine

Valguse Jumala nägemine

„Tõesti, tõesti, ma ütlen teile, kes usub minusse, see teeb neidsamu tegusid, mida mina teen, ja ta teeb nendest hoopis suuremaid, sest mina lähen Isa juurde."

Johannese 14:12

Jumala ruum

Erinevalt füüsilisest ruumist, on Jumala ruum piiramatu. Kui me saame tõelisteks jumalalasteks, võime me Jumala piiramatu väega inimlikud piirid ületada. Jumala ruumis võivad asjad mittemillestki tekkida, surnud ellu ärgata ja seal võib sündida kõik, mis on Jumala südames. Selles ruumis ei ole mitte midagi võimatut.

Jumala ruumi omamine

Jumala ruumis sünnivad loomisteod

Aega ja ruumi läbivad teod

Ruumidevahelise liikumise kogemine

Õigusest kaugemale minev armastus

Ruum on mingi pinna või kolmemõõtmelise ala ulatus või laius. See võib tähendada ka kogu mateeria eksistentsiks olevat kolmemõõtmelist ala. Tänapäeval on ka arvutite loodud küberruum. See on igaühele avatud, aga inimesed võivad seda oma teadmiste ja arvutikasutamise oskuste kohaselt erineval määral kasutada. Me võime Jumala ruumi samamoodi kasutada ja kogeda hämmastavaid Piiblisse kirja pandud asju vastavalt meie arusaamise määrale ja Jumala ruumi kasutusele.

Vaimne ruum ei asu kusagil universumi lõpus. See on meie füüsilisele ruumile väga lähedal. Nii nagu me võime oma kodu akent avades välja vaadata, võime me vaimse ruumi värava avanedes vaimset ruumi näha.

Piiblist võib lugeda, kuidas ülestõusnud Isand läks paljude jüngrite nähes Taevasse. Apostlite tegudes 1:9 öeldakse: „Kui Jeesus seda oli öelnud, tõsteti ta nende nähes üles ja pilv varjas ta nende silme eest." Jeesus läks Taevasse pilvede moodustumiskoha kõrgusel avanenud vaimse ruumi kaudu. Kui me vaimsest ruumist selgelt aru saame, saame me vastused paljudele rasketele

Piibli lõikudele. Meil võib olla ka täielik usk ja taevalootus.

Näib, et kõigil inimestel ei ole muud valikut, kui elada nende aja- ja ruumipiirangute kohaselt. Aga me võime tõelisteks jumalalasteks saades niisugused piirangud ületada. Isegi kurjad vaimud ei saa meid puudutada. Lõpuks läheme me kolmandas taevas asuvas taevariiki, kus isegi elav vaim Aadam ei saanud elada. Lisaks kogeme me ka Jumala piiramatut väge, mis on neljandast taevast. „Et te olete aga pojad, siis on Jumal läkitanud teie südamesse oma Poja Vaimu, kes hüüab: „Abba! Isa!" Nõnda ei ole sa enam ori, vaid poeg, aga kui sa oled poeg, siis sa oled ka pärija Jumala kaudu." (Galaatlastele 4:6-7).

Ruum ja mõõtmed Jumala perspektiivist

Nii nagu mainiti 1. osas „Vaimusfääri tohutu ruum", jagas Jumal pärast inimese kasvatamise plaani tegemist ühe algse ruumi paljudeks eri mõõtmetega ruumideks. Üldjoontes jagas Ta ruumi neljaks taevaks, esimesest neljanda taevani. Esimene taevas on esialgse ainsa ruumiga võrreldes tilluke osa. Kui Jumal lõi erinevate mõõtmetega eri ruumid, kehtestas Ta nende seas põhimõtte, kus Ta määrs, et suurem mõõde võib väiksemaid mõõtmeid alistada ja nende üle valitseda ning väiksemad mõõtmed alluvad suurematele mõõtmetele.

Esimene taevas ehk füüsiline universum, kuhu kuuluvad maa, päike, kuu ja tähed, mida me näeme, on esimene mõõde. Tegu on füüsilise maailmaga, seega asjad muutuvad, hävivad või surevad. Teine mõõde on teise taeva ruum. Teine taevas jaotub üldiselt valguse alaks ja pimeduse alaks. Valguse alas asub Eeden, kus on Eedeni aed. Eedeni kõrval asub pimeduse ala, kus kurjadel vaimudel on õhus meelevald.

Kolmas mõõde on taevariik ehk kolmas taevas. Päästetud jumalalapsed elavad seal igavesti. Selle keskel on Uus Jeruusalem, kus asub Jumala troon ning seal on erinevad elukohad, mis on liigitatud igaühe usumõõdu järgi. Neljas mõõde on neljas taevas ja see on ruum, kus Jumal oli algselt valguse ja hääle kujul olemas. Kolmainu Jumal valitseb kõike neljandast taevast — kolmandat, teist ja esimest taevast — tehes samaaegselt aega ja ruumi läbivat loomistööd.

See saladuslik neljamõõtmeline ruum on Jumala ruum. Seal eksisteeris algne Jumal ja see on väga ilus koht. Sinna alasse ei pääse mitte keegi peale Kolmainu Jumala ja mõne inimese, kes on Jumalalt eriloa saanud.

Jumala ruum on lõputu ruum, kus Jumal võib olemasolevaid asju olematuks teha ja eimillestki asju luua. Aine võib olla igasuguse kujuga – vedelik, gaas või tahke aine. Sellesse alasse võivad minna vaid vastavatele tingimustele vastanud inimesed. Vaatame nüüd seda Jumala saladuslikku ja imelist ruumi lähemalt.

Jumala süda on Jumala ruum

Ruum, kus Jumal oli enne ajastute algust olemas, on silmaga nähtamatu vaimumaailm. Tegu oli ühe suure ruumiga ja sel ajal ei olnud vaimumaailm ja füüsiline maailm jagatud. Jumal eksisteeris ilusa ereda valgusena, milles oli kumisev hääl. Ta liikus kogu universumis, üksinda kõike valitsedes.

Algse Jumala südames oli kogu universum. Teiste sõnadega, Ta süda sisaldas kogu universumi ruumi. Ma tahan teile tuua ühe näite, mis laseb teil „ruumi südames hoidmist" paremini mõista. Kui te mäletate oma kodulinna, võite te oma vaimusilmas kodulinna pilti ette kujutada ja mõtelda, kuidas see nüüd välja näeb. Või kui te mõtlete kellestki, keda te armastate ja meenutate aega, mil te selle inimesega koos olite, liigute te oma mõtetes juba kohta, kus te temaga olite.

Mis puudutab Jumalat, siis Ta võib midagi vaid oma südamesse varjule pannes olla kõikjal universumis, aega ja ruumi läbides. Me väljendame seda Jumalale iseloomulikku omadust, pidades Teda „kõikjalviibivaks". Ta suudab kõikjal viibimise tõttu kõiki universumi ääri oma südamesse mahutada ja kõike valitseda.

Laulus 68:33 kirjutatakse: „Temale, kes sõidab taevaste taevas, mis on muistsest ajast! Ennäe, Tema annab kuulda oma häält, võimsat häält." „Sõidab taevaste taevas" tähendab, et Jumal valitses täiesti kõiki ruume, esimesest taevast neljanda taevani. Seal öeldakse, et Ta hääl on võimas, aga see hääl ei ole meie kõrvadega kuuldavas vahemikus. Kui Jumal räägib loomise algse häälega, kuuletub kõik sellele ja Tema meelevald ja väärikus raputab kõiki taevaid.

Jumala ruumi omamine

Jumal tahab, et Ta armastatud lapsed saaksid Jumala ruumi ja valitseksid samuti kõiki ruume. Kuid sinna ruumi saamiseks on tingimused, sest Jumal kehtestas inimese kasvatamiseks armastuse ja õiguse reeglid. Õigus koosneb seadusest ja põhimõtetest. Nii nagu ühiskonnas on palju seadusi ja autojuhtimisel on liikluseeskirjad, on olems ka Jumala seadus ja see on Jumala õigus.

Aga mida siis ruumi omamine tähendab? See tähendab inimsüdames oleva ruumi täielikku valdamist. Muidugi ei tähenda Jumala ruumi südames omamine, et me oleksime Jumala moodi kõikjalviibivad. See tähendab lihtsalt, et Jumala ruumi avanemisega selles füüsilises maailmas võivad aset leida erakordsed asjad.

Kui Jumal jagas ruumid, jagas Ta need iga ruumi jaoks sobiva õiguse ja armastuse kohaselt. Kui me liigume esimese, teise, kolmanda ja neljanda taeva mõõtmes edasi, muutub ka õiguse mõõde avaramaks ja süveneb. Iga taevas püsib veatult korras.

Igas ruumis on erinev õigusemõõde, sest igas taevas on erinev armastuse mõõde. Armastust ja õigust ei saa lahutada. Mida sügavamaks armastuse mõõde muutub, seda sügavam on ka õiguse mõõde.

Kui Jeesus andestas naisele, kes abielu rikkus, läks Ta armastusest õigusetasemest kaugemale (Johannese 8. peatükk). Kui naine tabati abielurikkumiselt, vaidlesid esimese taeva õiguse alusel kohut mõistvad inimesed, et ta oleks tulnud kohe kividega surnuks pilduda. Aga Jeesus, kellel oli neljanda taeva õigus, ütles: „Ega minagi mõista sind surma. Mine, ja nüüdsest peale ära enam tee pattu!" (Johannese 8:11). Tegu oli õiguses sisalduva tõelise armastusega.

Me võime saada Jumala ruumi ja liikuda vabalt kõigis ruumides, kui meil on täielik Jumala armastus ja õigus. Siis me võime ka mõista vaimumaailma reegleid ja näha kõigist füüsilises maailmas toimuvatest asjadest kaugemale. Jeesus, kelles ei olnud mingisugust pattu, suri ristil patuste eest. Kuna Jeesuse armastus läks õigusest kaugemale, said Tema läbi ilmsiks Jumala hämmastavad väeteod nagu ravimatutest haigustest tervendamine ja tuule ning lainete vaigistamine. Ta suutis aru saada esimesse mõõtmesse kuuluvate inimeste mõtetest ja meelest.

Esimeses mõõtmes olijad on piiratud aja ja füüsilise ruumiga.

Aga pärast Jeesuse Kristuse vastuvõtmist ja Püha Vaimu kaudu uuesti sündimist võime me niisugustest piirangutest vabaneda oma südame vaimseks muutumise määraga võrdeliselt. Kui me muutume vaimseteks ja terve vaimuga inimesteks, kes kuuluvad kolmandasse mõõtmesse, mis on vaimumaailmas, kardavad teise mõõtmesse kuuluvad vaenlane kurat ja saatan meid isegi hoolimata sellest, et me oleme füüsiliselt esimeses mõõtmes.

1. Moosese raamatus 1:28 öeldakse: „Ja Jumal õnnistas neid, ja Jumal ütles neile: „Olge viljakad ja teid saagu palju, täitke maa ja alistage see enestele; ja valitsege kalade üle meres, lindude üle taeva all ja kõigi loomade üle, kes maa peal liiguvad!" Aadam oli elav vaim. Ta oli teises taevas elav vaimne olend ja tal oli meelevald valitseda kõige üle, mis asus esimeses taevas.

Samamoodi, kui meil on neljandasse taevasse kuuluva Jumala õigus ja armastus, võib meie kaudu ilmneda neljandasse taevasse kuuluva Jumala inimlikest piirangutest kaugemale minev vägi. Seda lubas Jeesus Johannese 14:12: „Tõesti, tõesti, ma ütlen teile, kes usub minusse, see teeb neidsamu tegusid, mida mina teen, ja ta teeb nendest hoopis suuremaid, sest mina lähen Isa juurde."

Jumala ruumis sünnivad loomisteod

Jumala ruumis on võimalik kõike soovitut teostada. Eelkõige sünnivad seal loomisteod. Kui Jumal tegi taevad ja maad ja kõik sinna kuuluva, oli tegu loomisteoga. Ka Jeesuse kaudu ilmnesid loomisteod, sest Ta kuulus Jumala ruumi. Üks parimaid näiteid on Tema esimene tunnustäht teenistuses, mil Ta muutis vee veiniks.

Ühel päeval läks Ta pulma ja seal sai vein otsa. Neitsi Maarjal hakkas peremehest kahju ja ta palus, et Jeesus aitaks teda. Esiteks näis, et Ta keeldus Maarja palvet täitmast. Aga Maarja ei pettunud, vaid näitas oma muutumatut usku. Ta teadis väga hästi, kes Jeesus oli ja et Ta suutis edukalt veest veini teha. Maarja uskus, et ta oli Jeesuselt juba vastuse saanud ja seega ta ütles, et sulased teeksid Jeesuse sõnade kohaselt.

Jeesus nägi Maarja usku ja ütles, et sulased täidaksid potid veega. Kui sulased täitsid kuus potti veega, käskis Jeesus neil sealt veidi võtta ja ülemkelnerile anda. Selleks ajaks, kui sulased viisid vee ülemkelnerile, oli vesi juba veiniks muutunud. Kuues potis olnud vesi muutus lihtsalt tolle mõtte südames mõtlemise tõttu heaks veiniks.

Jumala ruumis võib niisugune loomistöö sündida lihtsalt teatud mõtte tekkimisega inimsüdamesse. Muidugi sai niisugune loomistöö Jeesuse kaudu ilmsiks Jumala õiguse kohasel ajal ja mitte suvalisel ajahetkel. See tunnustäht oli võimalik, kuna Maarja täielik usk oli Jumala õiguse teostamiseks piisavalt hea.

Jeesus toitis tuhandeid inimesi viie leiva ja kahe kalaga ja teisel korral seitsme leiva ja kahe kalaga. Missugust Jumala õigust oli selle tunnustähe jaoks vaja? „Mul on rahvast hale, sest nad on juba kolm päeva minu juures viibinud ja neil ei ole midagi süüa. Ma ei taha neid söömata ära lasta, et nad teel ei nõrkeks" (Matteuse 15:32).

Tuhanded inimesed olid kolm päeva järjest Jeesuse seltsis, igatsedes kuulata Ta sõnumeid. Nad kuulasid Jeesust ja rõõmustasid ühiselt, kui haiged tervenesid. Sel hetkel oli neil täielik usk Jeesusesse. Jeesuse armastus lisandus nende usule ja vastas Jumala õigusele, mis tegi loomistöö võimalikuks.

Sarepta lese elus toimus loomistöö

Samasugust loomistööd mainitakse ka 1. Kuningate raamatu 17. peatükis. Kui Eelija läks Siidonisse ja kohtus Jumala Sõnale kuuletudes Sarepta lesega, oli lesk äärmiselt vaene. Pika põuaaja tõttu oli toit otsa lõppenud. Tal oli vaid peotäis jahu ja veidike õli. Eelija ütles, et ta teeks viimasest jahust leiba ja õnnistas teda. „Sest nõnda ütleb Isand, Iisraeli Jumal: Jahu ei lõpe vakast ja õli ei vähene kruusist kuni päevani, mil Isand annab maale vihma" (1. Kuningate raamat 17:14).

Kui Sarepta lesk kuulis neid sõnu, ei hakanud ta end välja vabandama, vaid kuuletus. Praktiliselt mõeldes ei olnud ta olukorras, kus niimoodi teha. Ta oli olukorras, kus ta oleks pärast viimase olemasoleva toidu söömist surnud ja see mees palus toda endale. Ta oleks võinud seda häbituks pidada. Aga ta ei arvanud niimoodi. Jumal liigutas ta südant ja lasi tal aru saada, et tegu oli jumalamehega. Ta tegi jumalamehe sõna kohaselt.

Kuidas teda selle tulemusel õnnistati? 1. Kuningate raamatus 17:15-16 öeldakse: „Ja naine läks ning tegi Eelija sõna järgi. Ja temal, samuti Eelijal ja naise perel oli süüa kauaks ajaks: jahu ei lõppenud vakast ja õli ei vähenenud kruusist Isanda sõna peale, nagu Ta Eelija läbi oli öelnud."

„Kaua aega" ei tähenda siin vaid mitut päeva, vaid pikka ajavahemikku. See, et jahu ja õli ei lõppenud otsa, oli loomistöö. Kuidas siis Eelija kaudu võis ilmneda niisugune loomistöö, mis ilmneb vaid Jumala ruumis?

Eelija ei kuulunud Jumala ruumi, aga vähemalt sel hetkel oli ta Jumala südamest piiratud moel aru saanud ja seda aktsepteerinud. „Piiratult" tähendab siin, et ta sai mingil ajahetkel aru millestki, mis puudutas Jumala südant. Vahel Jumal laseb inimestel Tema tahtmise tegemiseks oma südant mõista.

Eliisa sai topelt oma isanda Eelija vaimusisendusest, aga kui Jumal ei andnud talle arusaamist, ei teadnud isegi tema, miks suunamlanna oma südames muret tundis. Ta sünnitas poja, sest ta teenis jumalameest Eliisat kõigega. Aga siis ta poeg suri ootamatult ja ta läks siis kohe Eliisa jutule. Aga Eliisa ei teadnud, mis teda vaevas, kuni ta sai seda naise käest teada. „Ja kui ta tuli jumalamehe juurde mäele, siis ta võttis tema jalgade ümbert kinni; aga Geehasi astus ligi, et teda eemale tõugata, kuid jumalamees ütles: „Jäta ta rahule, sest ta hing on meeleheitel! Isand on seda varjanud minu eest ega ole mulle avaldanud" (2. Kuningate raamat 4:27).

Jumala südamest aru saamiseks ja Tema ruumi kasutamiseks on äärmiselt tähtis kasvatada omale terve vaimusüda, et me Jumalat usaldaksime ja Talle täielikult kuuletuksime. Prohvetid Eelija, Aabraham, Mooses ja Paulus kasutasid Jumala ruumi, sest neil oli terve vaimusüda. Kui Jumal käskis neil midagi teha, said nad aru selles käsus sisalduvast Jumala kavatsusest. Nad tundsid, kuidas Jumal toimiks ja võisid seda omale ette kujutada, seega neil oli vaimne kindlus.

Eelija kuulutas julgelt elavast Jumalast ja tõi taevast tule alla, sest ta tundis oma südames seda, mis Jumal teha kavatses. Sama juhtus siis, kui ta palus Sarepta lesel talle oma viimane anda. Kui me usaldame Jumalat täiesti, võime me kuuletuda isegi asjades, mis on mõistusevastased ja kui me seda teeme, juhtub Jumala sõna kohaselt. Lese elus toimus loomistöö, sest nii lesk kui Eelija täitsid Jumala õigusemäära.

Lesk usaldas jumalameest Eelijat ja uskus tema sõna, otsekui Jumala oma. Ta tegi kõhklemata Eelija sõna kohaselt ja ei mõtelnud inimlikult. Niimoodi võis ta saada osa Jumala ruumist, mida Eelija kasutas.

2. Ajaraamatus 20:20 öeldakse:

Uskuge Isandasse, oma Jumalasse, siis te jääte püsima!
Uskuge tema prohveteid, siis õnnestub teil kõik!

Eelija kasutas Jumala ruumi, mis kuulub vaid Jumalale, usaldades Teda täiesti. Lesk usaldas Eelijat täiesti ja selle tulemusel tuli nende üle Jumala ruum ja nad nägid loomistööd. Nii nagu ülaltoodud juhul, katab Jumal inimesed Jumala ruumiga, kui nad ühinevad usu ja kuulekuse kaudu Jumala ruumi kasutavate jumalameestega.

Taanieli kolm sõpra ei saanud tulises ahjus viga

Kolm Taanieli sõpra visati tulisesse ahju vaid sellepärast, et nad ei kummardanud ebajumalat. Ahi oli tavalisest seitse korda kuumemaks köetud ja nende ahju viskamiseks ahju lähedale läinud sõjamehed põlesid surnuks. Ilmselt oleksid need kolm meest pidanud samuti surnuks põlema. Aga mis tegelikult juhtus?

Taanieli 3:24-25 öeldakse: „Siis kuningas Nebukadnetsar ehmus ja tõusis kähku üles, kostis ja ütles oma nõuandjaile: „Eks me heitnud kolm seotud meest tulle?" Nad kostsid ja ütlesid kuningale: „Tõepoolest, kuningas!" Tema kostis ja ütles: „Vaata, ma näen nelja meest vabalt tules käivat ja neil pole midagi viga, neljas aga on välimuselt jumalate poja sarnane."

Tulisesse ahju visati kindlasti kolm meest, aga ahjus oli

neli meest. Kuningas arvas, et üks nende seast nägi jumalate poja sarnane välja. Põhimõtteliselt ei suuda inimesed vaimseid olendeid näha, aga Jumal avas kuninga vaimusilmad ja lasi tal näha ahjus olevat vaimset olendit. Pärast kolme mehe tulisest ahjust välja tulekut nägid inimesed, et tuli ei olnud saanud võimust nende meeste ihu üle; neil ei olnud juuksed peas kõrbenud, nende kuued ei olnud muutnud värvi ja neile ei olnud külge hakanud kõrbelõhna (Taaniel 3:27).

Kuidas niisugune asi võis juhtuda? Taanieli kolm sõpra olid kaitstud, sest Jumala ruum kattis neid. Me võime seda järeldada fraasist, et nendega oli „jumalate poja sarnane" mees. Muidugi ei ole „jumalaid", vaid ainus Jumal, ent Nebukadnetsar rääkis niimoodi, kuna ta uskus paganate jumalaid.

Kes siis oli see „jumalate poeg"? See oli Jumal Püha Vaim. Jumal tuli ise Püha Vaimu kujul nende juurde alla ja Jumala ruum kattis seda füüsilist ruumi..

Mooses muutis Maara mõru vee magusaks

2. Moosese raamatu 15. peatükis kujutatakse olukorda, kus Maara mõru vesi muutus magedaks ja see sündis samuti Jumala ruumis. Iisraeli lapsed läksid Punasest merest läbi ja jõudsid kõrbesse ning ei saanud kolm päeva vett. Nad leidsid Maara kandis vett, aga vesi oli mõru ja seda ei saanud juua. Siis nurisesid

nad Moosese vastu. Kui Mooses palvetas olukorra eest, näitas Jumal talle ühte puud. Kui ta selle vette viskas, muutus vesi magedaks. Kas see tähendas, et puus oli mingeid aineid, mis võisid vee maitset muuta? Ei. Jumal kattis vee Jumala ruumiga ja ilmutas Moosese usku ja kuulekust silmas pidades loomistööd.

Samasugune loomistöö sai ka meie koguduses ilmsiks ja tõi Jumalale väga suurt au. Ma palvetasin Söulis, et Muani soolvesi muutuks magedaks ja Jumal vastas palvele.

Vesi oli Muani Manmini koguduse kaevust pärit. See asub Heje Myeonis, Muan Goonis, Jeonnam provintsis. Koht on täiesti merest ümbritsetud ja kaevu kaevates saadi ainult soolast merevett. Joogivee saamiseks paigaldati sellest kohast 3 km kaugusele torustik, aga joogivett ei olnud ikkagi piisavalt. Muani Manmini koguduse liikmetel tuli meelde tunnustäht, mis sai Maaras ilmsiks ja nad uskusid, et nendega läheb samamoodi ning palvetasid, et see juhtuks. Nad palusid mul mitu korda Muani tulla ja palvetada, et soolvesi muutuks magedaks.

2000. aasta veebruaris olin ma kümme päeva mägedes palvetamas ja palvetasin eriti Muani Manmini koguduse eest. Sellel ajal paastusid ka Muani Manmini koguduse liikmed ja palvetasid kordamööda koguduse ja minu eest ja nägid kümne päeva jooksul iga päev oma kirikuhoone kohal ümaraid vikerkaari.

Kui ma lõpetasin mägedes palvetamise, õhutas Püha Vaim

mind Muani soolvee magedaks muutumise eest palvetama. Ma ei läinud ise Muani, et sealsete kaevude eest palvetada, Jumal tegi aega ja ruumi läbistava teo ja muutis soolvee magedaks.

Minu palve ja usk Muani Manmini koguduseliikmetesse vastas Jumala õigusele ja tegi selle loomisteo võimalikuks. Muani Manmini koguduse kaev annab ka tänapäeval magedat vett, sest Looja Jumala ruum katab seda. USA Toidu- ja ravimiamet kontrollis Muani magedat vett ja tunnistas selle mineraalaineterikkaks tervislikuks veeks. Vee kaudu on toimunud ka väga palju tervendustegusid ja palverändurid külastavad kogudust lakkamatu vooluna.

Surnud ärkavad ellu

Jumala ruumis ei ole näha vaid loomistöid, aga see võib valitseda ka elu ja surma. See võib elustada surnuid või tappa elavaid. See kehtib kõigele elavale — ka taimedele ja loomadele.

Neljanda Moosese raamatu 17. peatükis kirjutatakse Aaroni kepist, mis hakkas võrsuma. See oli võimalik, sest seda kattis Jumala ruum. Kuivast kepist võrsusid päevaga võrsed, mis puhkesid õitsele ja kandsid küpseid mandleid. Isegi elava puu korral oleks selleks kuid läinud, aga see sündis ainsa päevaga ja kuiv kepp kandis vilja. See oli võimalik, sest Jumala ruum kattis keppi.

Kui Jeesus needis viigipuud, suri see varsti. See juhtus samuti, kuna Jumala ruum kattis puud. „..ja kui Ta nägi ühte viigipuud tee kõrval, läks Ta selle juurde, ent ei leidnud muud kui lehti. Ja Ta ütles sellele: „Ei tule sinust enam iialgi vilja!" Ja viigipuu kuivas otsekohe ära. Kui jüngrid seda nägid, ütlesid nad imestades: „Kuidas see viigipuu nii otsekohe ära kuivas?" (Matteuse 21:19-20)

Samamoodi juhtus, kui Jeesus äratas surnud Laatsaruse ellu. Johannese 11. peatükist võib lugeda, et Laatsarus oli neli päeva surnud ja ta ihu lehkas. Aga kui Jeesus kutsus teda, tuli vaim tema sisse tagasi ja ta kõdunev ihu taasloodi. Jumala ruumis võib hetkega toimuda ka see, mis on füüsilises ruumis võimatu.

Meie koguduses oli teismeline poiss, kes oli ühest silmast täielikult nägemise kaotanud, aga ta nägemine taastus. Ta vasakule silmale tehti läätsekae lõikus ajal, kui ta oli kolme-aastane, aga lõikuse kõrvalmõjuna oli tal tugev uveiit ja silma võrkkesta eraldumine. Ta silma võrkkest tuli silmaseina küljest ära ja ta ei näinud hästi. Olukorda raskendas see, et tal esines ka phthisis bulbi ehk silmamuna kokkutõmbumine. Lõpuks kadus ta nägemine vasakust silmast täiesti 2006. aastal.

Aga 2007. aasta juulis sai ta palve läbi nägemise tagasi. Tema vasak silm ei suutnud varem isegi valgust tajuda, aga ta sai 0,1 nägemisteravuse. Ka kokkutõmbunud silmamuna taastus tavasuurusesse. Lisaks, ta paremas silmas oli varem 0,1 nägemisteravus, aga see paranes 0,9 peale. Juhtum esitati üksikasjalike meditsiinidokumentidega üle 220 arstile 41 maalt Norras toimunud viiendal rahvusvahelisel kristlike meedikute konverentsil ja see valiti mitme muu konverentsil esitatud juhtumi seast kõige suuremat muljet avaldanud juhtumiks.

Sama põhimõte kehtib kõigi muude organite, kudede või närvide kohta. Isegi kui närvid või rakud ja koed on õnnetuste või haiguste tõttu surnud, võivad nad normaalseks muutuda, kui Jumala ruum neid katab. Jumala ruumis võib isegi puuetest taastuda. Lisaks, Jumala ruumis võidakse terveneda pisikute või viiruste tekitatud haigustest nagu vähist, AIDSist, tuberkuloosist, külmetusest või palavikust.

Haiguste puhul tuleb Püha Vaimu tuli ja põletab pisikud või viirused kõigepealt ära. Siis taastub haiguse tõttu kahjustada saanud ihuliige. Ka viljatute paaride korral, kui Jumala ruum katab problemaatilist ihuliiget ja see taastub, võidakse edukalt rasestuda. Aga igaüks peab Jumala ruumis haigustest ja vaevustest tervenemiseks Jumala õiguste tingimustele vastama.

Aega ja ruumi läbivad teod

Jumala ruumis ilmnenud väetegusid saab teha aja ja ruumi piirangutest kaugemale liikudes. See on võimalik, sest Jumala ruum allutab teised mõõtmed ja liigub neist kaugemale. Laulus 19:5 öeldakse: „Üle kogu ilmamaa käib nende kõla, maailma otsani nende sõna; neisse on Ta püstitanud telgi päikesele.”

See tähendab, et neljandast taevast räägitud Jumala Sõna läheb maailma otsani.

Isegi suur kaugus esimeses taevas, mis on füüsilises ruumis, on Jumala ruumis tegelikult võrdväärne mitte mingi kaugusega. Valgus liigub maa ümber seitse ja pool korda sekundis. Aga Jumala väe valgus ei jõua silmapilguga lihtsalt maa otsani, vaid ka universumi lõppu. Jumala ruumis ei ole füüsilisel kaugusel mingit tähendust.

Matteuse 8. peatükis tuli sõjapealik Jeesuse juurde ja palus, et Ta tervendaks ühe tema sulastest. Jeesus ütles, et Ta läheb temaga kaasa, aga tema kostis: „Ei, Isand, ma ei ole seda väärt, et Sina mu katuse alla tuleksid. Ütle ainult üks sõna ja mu teener paraneb!" (8. salm). Jeesus vastas siis talle: „Mine! Nagu sa oled uskunud, nõnda sündigu sulle!" (13. salm). Sel hetkel sai sulane terveks.

Teises kohas asuv haige sai terveks lihtsalt selle peale, kui Jeesus andis oma Sõnaga käsu, sest Ta oli Jumala ruumis. Sõjapealik sai niisuguse õnnistuse, sest ta näitas oma täielikku usku Jeesusesse. Jeesus kiitis ka tema usku, öeldes: „Tõesti, ma ütlen teile, nii suurt usku ei ole ma leidnud Iisraelis ühelgi! " (10. salm).

Jumalaga usu kaudu ühendatud jumalalastele näitab Jumal alati oma aega ja ruumi läbivaid tegusid. Cynthia oli Pakistanis suremas soolesulguse ja tsöliaakia tõttu. Cynthia õde oli sel ajal Koreas ja tõi mulle Cynthia foto, et ta foto eest tehtud palve vastu võiks võtta. Tervenemine toimus aja ja ruumi piirangute väliselt. Ameerika Ühendriikides sai samuti Robert Johnson aja ja ruumi väliselt terveks. Ta kukkus ja sai Achillese kõõluse rebendi. Ta ei saanud tugeva valu tõttu käia. Talle öeldi, et tervenemiseks oli vaja lõikust, aga ta jalg pandi üksnes kipsi ja taastus Koreas tema eest tehtud palve tulemusel üksnes üheksa nädala jooksul täiesti ja ei vajanud lõikust. See oli Jumala ruumis ilmsiks saanud Jumala väetegu.

Apostel Pauluse erakordsed teod

Apostlite tegude 19. peatükis öeldakse, et Jumal tegi Pauluse käte läbi erakordseid imesid. Kui ta andis Jeesuse Kristuse nimel käsu, lahkusid kurjad vaimud ja tervendustöö leidis aset ka tema pealt võetud palverätikute või põllede kaudu. Mürgimao salvamine ei teinud talle kahju ja ta kuulutas ka prohvetlikult. „Ja Jumal tegi iseäralikke vägevaid tegusid Pauluse käte läbi, nii et ka tema naha pealt võetud higirätikuid ja põllesid viidi haigete peale ja tõved lahkusid neist ning kurjad vaimud läksid välja.“ (Apostlite teod 19:11-12).

Samamoodi võivad Jumala ruumis Ta väeteod leida aset ka näiteks palverätiku sarnaste esemete kaudu. See on väga erakordne! Ka nende palverätikute kaudu, mille eest ma palvetan, sünnivad paljud tervendusteod. Jumala vägi ei kao kunagi ega sure välja, hoolimata aja kulust, kui Jumala õigust ei ole rikutud. Seega on Jumala väge sisaldavad palverätikud väga väärtuslikud, sest need võivad avada Jumala ruumi, ajast ja asukohast hoolimata.

Aga kui usuta inimene kasutab neid ebajumalikult, ei saa Jumala tegu ilmsiks. Mitte üksnes palveräti abil palvetaja, aga ka inimene, kelle eest palvetatakse peab vastama Jumala õiguse tingimustele. Nad peavad uskuma, et palverätik sisaldab tegelikult Jumala väge. Haige eest palvetava inimese ja haige usku mõõdetakse täpselt ja Jumala töö saab ilmsiks Jumala õigusele vastavuse määra kohaselt.

Joosua peatas päikese ja kuu

Suuremad mõõtmed saavad väiksemad mõõtmed allutada erineva valgustugevuse ja ajavoolu tõttu. Mida suurem on ruumi mõõde, seda eredam on valgus ja kiirem ajakulg. Neljanda taeva valgus on kõige eredam ja siis tuleb kolmanda taeva valgus ja teise taeva oma.

Mis puudutab ajakulgu, siis on see teises taevas esimese taeva omast kiirem ja kolmandas taevas veelgi kiirem. Aga neljandas taevas võib see olla kiirem või aeglasem. See toimib Jumala südames toimuva kohaselt. Jumal võib seda pikendada, lühendada või isegi peatada.

Loomisteod, surnute elluärkamine ja jumalik tervenemine toimuvad aja ja ruumi väliselt ning on võimalikud ajakulu seiskumisega. Sellepärast võib teatud sündmus aset leida niipea, kui see südamesse saada või kohe pärast käsu andmist.

Kui Joosua oli emorlaste vastu lahingus, peatusid päike ja kuu ja tegu oli „aja kulu peatumisega". Joosua 10:13 öeldakse: „Ja päike püsis paigal ning kuu jäi seisma, kuni rahvas oli kätte maksnud oma vaenlastele." See sündis, kui Joosua võitles emorlaste vastu Kaananimaa vallutamise käigus. Mis võib panna päikese esimeses taevas kogu päevaks peatuma?

Maa peab kord päevas pöörlema ja päikese peatumiseks peab maa pöörlemast lakkama. Kui maa lakkab hetkekski pöörlemast, ei mõjuta see tohutult vaid maad, aga ka paljusid muid taevakehasid. Aga kuidas päike võib kogu päevaks peatuda?

Vastus seisneb Jumala ruumis. Sel hetkel ei katnud Jumal oma ruumiga vaid maad, aga ka kogu esimest taevast. Seega kõik esimeses taevas olev liikus vaimumaailma aja kuluga vähemalt selleks hetkeks sünkroonselt. Tegu oli aja kulu pikenemisega. Päike püsis kogu päeva paigal ja seega inimesed tundsid, otsekui oleks kaua aega möödunud. Aga tegelikult võis tegu olla vaid ainsa minuti või isegi sekundiga.

Sel ajal kulges kogu esimene taevas vaimumaailma ajas, seega füüsilist aja kulgu ei toimunud üldse. Isegi kui Jumala ruum kattis kogu esimese taeva asemel vaid teatud esimese taeva osa, ei valmistanud see probleemi, sest kõik muud füüsilise ruumi osad kulgesid ikkagi füüsilise ruumi ajas.

Eelija jooksis kiiremini kui kuninga kaarik

Piiblist võib näha juhtumit, kus keegi oli lühenenud aja kulgemises. See juhtus, kui Eelija jooksis kuningas Ahabi kaarikust ette, mis on kirja pandud 1. Kuningate raamatu 18. peatükki. Lühenenud ajakulg on pikendatud ajakulu vastand. Oletame, et keegi on kaetud füüsilise aja ühe tunni jooksul neljanda mõõtme ruumiga. Jumala ruumis võib ta seda tundi soovi korral lühendada. Kui ta lühendab selle 30 minutiks, ei tähenda see, et ülejäänud 30 minutit kaoksid. See tähendab, et üks tund on 30 minutiks tihendatud.

Oletame näiteks, et te võtate 100 meetri pikkuse riide ja jooksete 20 sekundiga selle ühest otsast teise. Aga kui riie pooleks voltida, kui kaua siis aega kulub? Seda on 50 meetrit, seega aega kulub umbes 10 sekundit. Kui riie taas kokku voltida, lüheneb pikkus jällegi ja aeg tõmbub kokku. Aga riie ei kao.

Aja lühenemine toimub Jumala ruumis mingil moel selle sarnaselt. Eelija jooksis oma kiirusega, aga ta kuna ta oli lühenenud aja kulus, suutis ta kuninga kaarikust kiiremini joosta. Kommertslennukid lendavad tavaliselt umbes 900 km tunnikiirusega, aga lennukis olevad reisijad ei tunne kiirust.

1. Kuningate raamatus 18:46 kirjutatakse: „Ja Isanda käsi tuli Eelija peale: ta pani enesele vöö vööle ja jooksis Ahabile ette Jisreeli teelahkmeni." Kuningas Ahab kiirustas oma

kaarikus, et vihma vältida ja Eelija jooksis kaarikust kiiremini. Ta võis kaarikust kiiremini joosta, sest ta kasutas Jumala aja- ja ruumipiiranguta ruumi. Piiblis öeldakse, et „Isanda käsi tuli Eelija peale". Eelija ihu kaeti Jumala väega ja toimus midagi, mis ei mahtunud inimlikesse piiridesse.

Vaimsest ruumist läbi liikumine

Apostlite tegude 8. peatükis juhatas Püha Vaim Filippust Jeruusalemma teele, kus ta kohtus Etioopia eunuhhiga. Ta kuulutas eunuhhile Jeesuse Kristuse evangeeliumi ja isegi ristis ta. Filippus oli Gaza teel tühermaal, aga ilmus hetkega Asdodi. Tegelikult oli tegemist „teleportatsiooni" laadse liikumisega läbi vaimse ruumi. „Aga kui nad veest välja tulid, haaras Isanda Vaim Filippuse, ja eunuhh ei näinud teda enam. Kuid ta läks oma teed edasi rõõmuga. Aga Filippus leiti Asdodist, ja ta kuulutas mööda maad käies evangeeliumi kõigile linnadele, kuni ta jõudis Kaisareasse" (Apostlite teod 8:39-40).

Teleportatsiooni toimumiseks tuleb läbida Jumala ruumis moodustunud vaimne käik. Kuna aja kulg lakkab selles vaimses käigus, võidakse ühest kohast teise liikuda.

Jumal lai meie koguduseliikmetel niisugust vaimses ruumis liikumist kaudselt kogeda. See sündis vesikiilidega. Teistes alades olevad vesikiilid tulid meie juurde ja kadusid Jumala ruumis moodustunud vaimse koridori kaudu.

Vesikiilide parved ilmusid, kui me olime suvelaagris ja nad sõid sääski ja muid kahjulikke putukaid. Sel ajal liikusid täiskavanud kiilid ühest kohast teise. 2006. aastal hakkasid vesikiilid niimoodi esimest korda liikuma. Seda võib liigitada vaimse koridori liigile vastavalt horisontaalseks ja vertikaalseks liikumiseks.

Veelgi hämmastavam on see, kui koguduseliikmed kutsusid vesikiile, ei kartnud need inimesi, vaid istusid koguduseliikmete sõrmeotstele ja muudele ihuliikmetele. Vesikiilid on kasulikud, sest nad söövad suvel kahjulikke putukaid. Mulle meenub, et m lapsepõlve ajal oli raske ühtegi vesikiili kinni püüda. Nad lendasid minema, kui nad tajusid läheduses vähimatki inimlikku mõju. Mingi aja jooksul oli Söulis väga raske leida ainsatki vesikiili ja vesikiilide parvede ilmumine on kindlalt Jumala tegu.

Järgmisel, 2007. aastal, hakkasid kiilid juuli alguses ilmuma. Vesikiilid ilmuvad tavaliselt suve lõpust sügise lõpuni. Kui vesikiilid, mis olid veel vastse kujulised, läbisid vaimse koridori, kasvasid vastsed täiskasvanuks. Kui nad läbisid neljanda mõõtme ruumi, kiirenes nende kasv. Seega võisid vesikiilid sel aastal tavalisest palju varem ilmuda.

2008. aastal kontrolliti ka mitte üksnes vesikiilide ilmumisaega, aga ka nende arvukust. Vesikiilide lõpmatud parved hakkasid juuli esimesest nädalast taevast alla voolama. Meie koguduse erinevad misjonirühmad olid Lõuna-Korea eri kohtades oma suvistes laagrites ja kõik koguduseliikmed nägid, kuidas kiilid tulid päikese juurest vertikaalsuunaliselt alla. Kiilid ei läinud teistesse kohtadesse. Nad tulid alla ja jäid aladesse, kuhu nad laskusid ning neid võis näha koguduseliikmete kätel, nägudel või õlgadel istumas.

Selleaastase suvelaagri teema oli „Vaimuruum" ja usklikud olid väga rõõmsad. Nad võisid sõnumit vaimse ruumi kaudu nendeni tulnud kiilide elulise näite alusel mõista. Selle laagri abil suurenes koguduseliikmete usk ja liikus kõrgemale tasemele. Samasugune tegu leidis aset kõigis harukogudustes, mis ei asunud ainult Koreas, vaid kogu maailmas.

Samasugune sündmus leidis aset ka 2009. aasta suvel. Iga misjonirühm oli oma vastavas suvelaagris ja sinna ilmus eelmiste aastatega võrreldes rohkem kiile. Usklikud nägid läbi avatud vaimse ruumi kümneid tuhandeid kiile päikese juurest alla tulemas. Nad kiiskasid ja nägid lumehelveste taolised välja, kui nad taevast alla tulid.

Kui Iisraeli lapsed ületasid tugeva tuulega lahknenud Punase mere, moodustus nende jaoks vaimne koridor. Tuul pidi mere lõhestamiseks väga tugev olema. Inimene ei oleks niisuguse tuulega püsti seista suutnud. Aga enam kui kaks miljonit iisraellast jalutasid rahulikult tuulte keskel, kuna moodustus vaimne koridor, mis tõkestas tuult ja ei lasknud neil inimesi mõjutada. Aga mis juhtus siis, kui nad ületasid Kaananimaale minekuks Jordani jõe?

Joosua 3:15-16 öeldakse: „Ja niipea kui need, kes kandsid laegast, jõudsid Jordani äärde ja laegast kandvate preestrite jalad puudutasid veepiiri - kõik Jordani luhad on ju vett täis kogu lõikusaja -, jäi ülaltpoolt voolav vesi seisma, jäädes paisu taha väga kaugel Saartani linna külje all asuva Adami linna juures, ja

vesi, mis voolas alla lauskmaa merre, Soolamerre, kadus täiesti; ja rahvas läks üle Jeeriko kohalt."

Sellest kohast, kus Iisraeli lapsed olid, kuhjus ülaltpoolt tulev vesi paisu tha ja allavoolu voolav vesi voolas lihtsalt allapoole. Sel ajal moodustus vaimses ruumis midagi tammikujulist.

Vaimsete koridoride erimoodi kasutus minevikus

Kui me seda vaimset koridori väga hästi kasutada võime, võime me ka ilmastikutingimusi valitseda. Oletame näiteks, et kaks teatud ala kannatavad, üks uputuse ja teine põua tõttu. Kui siis vihmapilved üleujutuse alalt kuivale alale viia, võib lahendada mõlema ala probleemid.

Iisraeli ootamatu vihmavalang on üks taoline näide. 2009. aasta septembris palvetasin ma Iisraeli koosolekusarja ettevalmistuse käigus teatud asja eest. Iisraelis oli raske viimase viie aasta vältel püsinud tugeva põua tõttu. Iisraeli pastorid selgitasid olukorda ja palusid mul selle eest palvetada.

Niisuguse rahvuslikes huvides tehtud palvesoovi vastuseks

on vaja täita teatud tingimusi. Selle jaoks pidid riigi president või vastaval tasemel juhid paluma usupalvet või suurem osa inimestest esitama usupalve soovi. Aga ma tundsin nende olukorra üle väga suurt kurbust ja palvetasin lihtsalt koosolekusarja esimesel ja teisel päeval, et Iisraelis hakkaks vihma sadama ja lõpetaks põua.

Mis siis juhtus? Iisraelis on selge erinevus vihmase ja kuiva hooaja vahel. September on kuiv hooaeg ja siis sajab harva. Vahel võib oktoobri lõpust alates veidi sadada ja tegelik sajuhooaeg on detsembrist järgmise aasta veebruarini. Samuti jõuab Galilea meretase pika põuaperioodi ajal alumise punase jooneni, mis on 208 meetri sügavusel. See on alampiir, kust merest enam vett ei saa.

Aga päev pärast koosolekusarja lõppu hakkas Iisraeli põhjaosas sadama. Pühapäeval, 13. septembril, sadas Jeruusalemmas ja samuti Tel Avivis märkimisväärselt. Iisraeli pastorid rõõmustasid ja andsid Jumalale au sõnadega, et vihm hakkas minu palve peale sadama. Aga see ei olnud kõik. Järgmisel nädalal sadas veel ja Iisraeli Veevarude Osakonnast öeldi, et kahe päeva jooksul alla sadanud vihma hulk oli sama suur, kui nii septembri kui oktoobrikuu keskmine vihma kogus kokku. Jumala õiguse alusel ei olnud see võimalik, aga Jumal kuulis palvet ja läks õiguse piiridest kaugemale. Ta tegi nende jaoks vihmasaju võimalikuks.

Samuti on palju taifuune ja orkaane, mis tekitavad kogu maailmas hädasid. Kui taifuunide või orkaanide kurssi muuta, et nad liiguksid asustamata aladele, poleks enam probleemi.

Kaks taifuuni lähenesid Filipiinidele, kui ma läksin sinna 2001. aastal koosolekusarja pidama. 16. Taifuun „Nari" ja 19. taifuun „Lekima" lähenesid Filipiinidele tugeva orkaanijõuga tuultena. Kui taifuunid oleksid liikunud ennustatud rada mööda, ei oleks me koosolekusarja pidada saanud. Pressikonverentsil küsisid reporterid minu käest, kas koosolekusari sai taifuunide tõttu üldse toimuda.

Sel ajal ütlesin ma: „Taifuunid vaibuvad või muudavad liikumissuunda. Koosolekusarja ajal ei ole taifuuni ega vihma, seega püüdke sellest palun osa võtta." Nari vaibus täpselt enne koosolekusarja ja Lekima muutis äkki oma suunda, möödudes Filipiinidest. Koosolekusari sai probleemideta toimuda.

Me ei saa vaimset ruumi kasutades peatada ainult taifuune, aga ka teisi loodusõnnetusi nagu vulkaanipurskeid või maavärinaid. Me võime vulkaanipurske või maavärina allika katta lihtsalt Jumala ruumiga ja see võib juhtuda, kui see vastab Jumala õigusele. Näiteks, riiklikul tasemel kahju tekitava õnnetuse peatamiseks eeldatakse, et riigijuht palub palvet. Samuti ei saa täiesti eirata esimese taeva õigust ka siis kui vaimne ruum on avatud. Vaimne ruum toimib vaimse ruumi esiletõusmise ajal esimeses taevas segaduse puudumisega võrdeliselt. Jumal valitseb kõiki taevaid ja Ta suudab kõike teha ning on armastuse ja õiguse Jumal.

Õigusest kaugemale minev armastus

1. Moosese raamatu 18. peatükist võib lugeda, et Jumal ütles Aabrahamile, mis juhtub korrumpeerunud Soodoma ja Gomorraga. „Siis ütles Isand: „Hädakisa Soodoma ja Gomorra pärast on suur ja nende patud on väga rasked! Seepärast ma lähen alla ja vaatan, kas minuni jõudnud kisa kohaselt on nad teinud kõike seda või mitte. Ma tahan seda teada!" (1. Moosese raamat 18:20-21).

Soodomat ja Gomorrat tuli õiguse kohaselt pattude eest karistada, aga Jumal lasi Aabrahamil seda eelnevalt teada saada, sest ta vennapoeg Lott elas seal. Jumala süda tahtis talle uut võimalust anda. Niisugune on Jumala armastus ja õigus.

Siis palus Aabraham Jumalalt viis korda, et Ta Soodoma päästaks. Esialgu palus ta seda mitte hävitada, kui seal oli viiskümmend õiget, siis nelikümmend viis, kolmkümmend, kakskümmend ja lõpuks vähenes arv vaid kümne peale. „Aga ta ütles: „Ärgu süttigu põlema Isanda viha, et ma veel üksainus kord räägin! Vahest leidub seal kümme?" Ja Tema vastas: „Ma ei hävita kümne pärast." (1. Moosese raamat 18:32).

Aabraham võis Jumalat pelga loodud olendina nii julgelt paluda. See näitab, et tal oli Isanda süda ja ta oli Jumalaga üheks saanud. Ta palus tõsise armastusega, et Jumalale meeleliigutust valmistada ja inimesi päästa ja Jumalat puudutas ta armastus ning Ta lubas teha Aabrahami palve kohaselt.

Jumal tegutseb armastusega õiguse piires. Seega, Ta tahtis halastust ja kaastunnet osutada ka siis, kui Ta Soodomat ja Gomorrat karistas ja andis õige mehe Aabrahami palve peale teise võimaluse armastusest, mis ületas õiguse.

Soodomat ja Gomorrat karistati viimaks, sest seal polnud isegi kümmet õiget, aga Aabrahami vennapoeg Lott ja tema pere pääsesid, sest Lott oli Jumalale väga armsa Aabrahami ruumis. Teiste sõnadega, Jumal armastas Aabrahami nii palju, et Ta kattis Aabrahami peale mõteldes Loti ja ta pere vaimse ruumiga.

Nagu varem selgitatud, Jumala ruumis valitsetakse kõike Jumala armastuse ja õigusega. Armastus tühistab õiguse, viimast rikkumata. Niisuguse juhtumisesks tuleb kasvatada omale süda, mis on neljanda taeva õigusega kooskõlas. Nimelt, kui inimene on saanud omale Jumalaga ühtse südame, võib ta õigusest kaugemale minevaid Jumala tegusid ilma neljanda taeva õigust rikkumata ette näidata.

Probleem seisneb selles, kuidas omale Jumala südant kasvatada. Enne selle tegemist tuleb inimesel vaid usu ja armastusega võita inimese jaoks kujuteldamatud tohutud katsumused. Ta peab tasuma Jumala õiguse kohase hinna, läbides katsumustes iga sammu, kuni ta suudab kasutada Jumala ruumi pärast neljanda taeva õiguse tundmaõppimist.

Ka Aabrahami elus oli palju katsumusi ja läbikatsumisi, kuni teda „Jumala sõbraks" kutsuma hakati. Kui ta sai seitsmekümne viie aastaseks, ütles Jumal talle, et tema kaudu moodustub suur rahvas, aga ta ei sigitanud rohkem kui kahekümne aasta jooksul last. Ent üheksakümne üheksa aasta vanuses, kui Saara oli kaheksakümmend üheksa ja ei suutnud last eostada, ütles Jumal talle viimaks, et ta saab järgmisel aastal poja.

See oli inimliku teadmise põhjal täiesti võimatu, aga Aabraham usaldas Jumalat ja ei kahelnud kunagi. Jumal pidas ta usku õiguseks ja ta sigitas uskudes Iisaki. Aga kui Iisak kasvas ja oli väga armas, käskis Jumal Aabrahamil Iisak põletusohvriks tuua. Aabraham uskus, et Jumal elustab ta ka siis, kui ta Iisaki põletusohvriks annab, sest Jumal oli talle juba öelnud, et ta saab Iisaki kaudu palju järeltulijaid. Ta suutis oma ainsa poja Iisaki kõhklemata Jumalale anda, sest ta austas Jumalat tõepoolest.

Pärast seda kui Aabraham kõik katsumused ja läbikatsumised läbis, kutsus Jumal teda „Jumala sõbraks" ja seadis ta „usuisaks". Pärast viimast läbikatsumist, kui ta andis oma ainsa poja Iisaki põletusohvriks, sai ta inimese jaoks kõikvõimalikud õnnistused nagu laste, tervise, rikkuse ja pika eluea õnnistused.

Jumal otsib tõelisi lapsi, kes saaksid õnnistused ja juhataksid

Aabrahami moodi arvukaid hingi palve ja armastusega pääsemisele. Jumal näitab meile loomistegusid, valitseb elu ja surma ja ruumi ja aega läbivaid tegusid, sest Ta tahab tõelisi lapsi, kellel on Jumala süda.

1. Moosese raamatus 18:17-19 öeldakse: „Ja Isand ütles: „Kas peaksin varjama Aabrahami eest, mida tahan teha? Aabraham saab ometi suureks ja vägevaks rahvaks ja tema kaudu õnnistatakse kõiki maailma rahvaid. Sest ma tean temast, et ta käsib oma poegi ja järeltulevat sugu hoida Isanda teed ning teha, mis õige ja kohus, et Isand võiks anda Aabrahamile, mis Ta temale on tõotanud.""

Kui me ainult suudaksime praeguseni selgitatud Jumala ruumi algpõhimõtteid mõista, võiksime me paljudest piiblisündmustest palju põhjalikumalt aru saada ja neid ka oma elus kogeda. Kui me saame Jumala tõelisteks lasteks, Jumalat uskudes ja Tema kadumaläinud kuju taastades, võime me inimlikud piirangud ületada. Sellepärast jättis ülestõusnud Isand Jeesus meile enne taevasseminekut oma viimase sõna. „...vaid te saate väe Pühalt Vaimult, kes tuleb teie üle, ja te peate olema minu tunnistajad Jeruusalemmas ja kogu Juuda- ja Samaariamaal ning ilmamaa äärteni." (Apostlite teod 1:8).

Milline on kõige kiirem tee Jumala väe saamiseks ja Isanda

tunnistajaks olemiseks? See on meie südame pühitsemine ja tuline palve terve vaimuga inimeseks saamiseks, et me võiksime Jumala ruumi kasutada. Lisaks peaksime me püüdma Jumala õigust ja armastust täielikult arendada, et me võiksime pärida kõige ilusama taevase eluaseme – Uue Jeruusalemma ja samuti Jumala ruumi.

Jumala kuju

Jumala kadumaläinud kuju võib inimeses taastuda, kui temast saab tõeline jumalalaps, kellel on Jumala süda. Aga see ei tähenda, et ta saaks Jumala enese sarnaseks. Jumal võib eksisteerida lihtsalt kujuta valgusena või omale teatud kuju võtta.

Jumal võttis inimese kasvatamiseks omale kuju

Inimene on loodud Jumala kuju järele

Me ei saa Jumala palet otseselt näha

Jumala kuju suurus

Jumala kuju apostel Johannese pilgu läbi

Jumalikust loomusest osa saamine

Missugune on Jumala välimus? Kui suur Ta võib olla?

Kui keegi on Jeesuse Kristuse vastu võtnud ja saab Jumala kohta rohkem teada, peaks ta huvi tundma ka Jumala kuju ja taevariigi kohta. Kui lapsed on vanematest kaua aega lahus, hakkavad nad vanemaid igatsema ja kalliks pidama. Samuti juhtub, kui me otsime Jumalat ja igatseme Teda sügaval oma sisimas.

Matteuse 5:8 öeldakse: „Õndsad on puhtad südamelt, sest nemad näevad Jumalat." „Südamelt puhas" tähendab, et inimene ei „mõtle tähendusetule, vaid ehtsale ja puhtale, mis on tõene". Niisugune süda on laitmatu ja veatu ja ei mõtle millegi kurja ega ebaviisaka peale. Öeldakse, et südamelt puhtad näevad Jumalat. Mida see tähendab? See ei tähenda, et nad näevad Jumala algset olemust, vaid et nad kogevad Jumalat, saades kõik palvevastused.

Aga see ei tähenda, et inimesed ei saaks Jumala kuju iialgi näha. See tähendab lihtsalt, et nad ei saa Jumala palet otseselt näha (2. Moosese raamat 33:20). Jumal on vaim, seega me ei saa täpset Jumala kuju teada, sest me ei saa Jumalat otse näha. Aga

Jumal ütleb, et me oleme Tema kuju järele loodud, seega me võime lihtsalt oletada, et meil on Jumalaga mingitmoodi sarnane väljanägemine. Me võime ette kujutada, milline Jumal välja näha võib Piibli alusel, mis on ilmutus Jumala kohta.

Jumal võttis inimese kasvatamiseks omale kuju

2. Moosese raamatus 3:14 annab Jumal enese kohta selgituse: „Ma olen see, kes ma Olen!" Ta on täiuslik olend, kes oli olemas enne igavikku. Inimestel on piiratud teadmised, seega me arvame, et kõigel peab olema algus. Sellepärast Jumal kasutas sõna „algus", aga Ta tegi seda vaid meie arusaamise jaoks.

Johannese 1:1 öeldakse: „Alguses oli Sõna ja Sõna oli Jumala juures ja Sõna oli Jumal." Ja 1. Moosese raamatus 1:1 öeldakse: „Alguses lõi Jumal taeva ja maa."

Jumal lõi inimesed, kui Ta lõi taevad ja maa ja kõik, mis neis oli ja seega 1. Moosese raamat kehtestab „alguse", mis on inimesega seoses. Teisalt on Johannese 1. peatükis mainitud algus ajahetk, mis oli ammu enne loomisaega olemas. Pealegi ei ole see inimestega seotud.

Alguses oli Jumal olemas ruumis, mis on vaimne ja füüsiliste silmade jaoks nähtamatu. Jumal oli olemas ilusa hiilgava valguse näol ja valitses kõike, viibides kõigi universumi ruumide kohal. Jumal oli nii inimlik kui jumalik ja sellepärast planeeris Ta tõeliste laste saamiseks inimese kasvatamise ja hakkas eksisteerima Kolmainsusena: Isa, Poja ja Püha Vaimuna.

Sel hetkel võttis Jumal omale kuju. 1. Moosese raamatus 1:26 öeldakse: „Ja Jumal ütles: „Tehkem inimesed oma näo järgi, meie sarnaseks...""

Muidugi ei olnud tegu füüsilise kujuga, mis on inimestel. Tegu oli vaimse kujuga, mis kehastas Jumalat, kes on vaim. Inglid, taevaväed või keerubid on kõik vaimolendid, aga neil on vastav kuju. Jumalal ei olnud alguses konkreetset kuju, aga mingil hetkel sai Ta konkreetse kuju.

Kolmainu Jumal võttis omale kuju meie, inimeste jaoks ja kui Jumal lõi maa, mis on inimese kasvulava, tuli Ta maa peale. Ta taotles seda, mida maa tulevikuks vajas ja kuidas neid asju teha. Siis Ta hakkas kõiki asju tegelikult looma.

Inimene on loodud Jumala kuju järele

Kolmainu Jumal lõi inimesed oma kuju järele loomise kuuendal päeval. See ei tähenda, et vaid inimese välimus tehti Jumala kuju järele. See tähendab ka, et me süda loodi Jumala südame järele.

Aga Aadama sõnakuulmatusest alates kadus inimestel loomise käigus saadud algne kuju ja nad määrdusid patust üha enam. Aadama Jumala kuju kaotus ei tähendanud ta väliskuju kadumist, vaid püha lõhna – Jumala loomuse kadumist. Inimesed koosnevad vaimust, hingest ja ihust, aga patu tulemusena „suri" iga inimese vaim. Sellest ajast peale ei erinenud nad vaid hinge ja ihu omavatest loodud loomadest.

Aga õige aja saabudes saatis Jumal maa peale Jeesuse, et avada igaühe pääsemiseks päästetee. Jumal annab igaühele, kes võtab Jeesuse Kristuse vastu, Püha Vaimu anni. Siis elustub surnud inimvaim ja Jumala kadumaläinud kuju hakkab taastuma. Püha Jumal tahab, et ka Tema lastes oleks pühadus. Sellepärast annab Ta meile tungivalt nõu, öeldes: „Olge pühad, sest mina olen püha!" (1. Peetruse 1:16).

Jumal ei vaata välimust, vaid iga inimese südant. Me võime saada tõelisteks jumalalasteks, kui me võitleme pattude vastu ja seisame neile vastu verevalamiseni, vabanedes igasugusest kurjast. Meis võib taastuda Jumala kadumaläinud kuju ja meie vaimukujust lähtub tugevat valgust, mis vastab meie Valguse Jumalale sarnanemise määrale.

1. Johannese 5:18 öeldakse: „Me teame, et ükski, kes on sündinud Jumalast, ei tee pattu, sest Jumalast sünnitatu hoiab ennast ja kuri ei puuduta teda." Jumal kaitseb neid, kes elavad Jumala Sõna järgi ja ei tee pattu. Nende ereda valguse tõttu ei saa vaenlane kurat ja saatan neile isegi läheneda.

Maailma ja inimesed loonud Jumala eesmärgiks on saada tõelisi lapsi, kes on Jumala kujuga. Aga peaaegu keegi olemasolevaist või minevikus olemas olnud inimestest ei ole loomise algusest Jumala kuju omale kasvatanud. Aadamast alates sündis arvukalt inimesi, aga vaid väga vähesed nende seast kasvatasid omale südame, mida Jumal neile anda tahtis. Niisugused inimesed käisid Jumalaga ja ilmutasid Ta au oma elus. Nad tegid väetegusid, mida ei ole võimalik inimlikult ette kujutada. Eelija tõi taevast tule alla; Aabraham andis tegelikult oma poja Iisaki põletusohvriks; apostel Paulus oli ustav oma elu ja armastusega. Kui Jumal nägi taolisi inimesi, tundis Ta väga suurt rõõmu.

Vastupidiselt, isegi nende seas, keda kasutati jumalariigi heaks, oli inimesi, keda ei saanud tegelikult pidada „tõelisteks jumalameesteks". Näiteks Eliisa õppis kõike Eelija käest ja sai topelt osa Eelija vaimusisendusest. Aga ta süda ei olnud sama täiuslik kui Eelija oma (2. Kuningate raamat 2:24). Kui lapsed järgnesid talle ja pilkasid teda talumatult, needis ta lõpuks neid. Kaks emakaru tulid ja rebisid nelikümmend kaks last lõhki.

Lott nägi samuti Aabrahami headust ja ei suutnud ikkagi omale Aabrahami head südant saada. Ta sai tänu Aabrahamile materiaalselt õnnistatud ja Aabrahami tõttu pääses ta ohtlikust olukorrast eluga. Aga ta ei suutnud ikkagi omale täiuslikku südant saada.

Muidugi tegi Eliisa palju hämmastavat ja inimesed pidasid teda jumalameheks. Aga inimesed austasid teda lihtsalt prohvetina. Tõeline jumalamees ei ole lihtsalt keegi, keda Jumal oma eesmärgi täitmiseks hetkeks kasutab. See on inimene, kelles on taastunud Jumala kuju ja kellel on püha puhas süda, kus pole mingit viga ega plekki.

Me ei saa Jumala palet otseselt näha

Aadama langemisest saadik ei ole keegi esimeses taevas saanud otseselt näha Valguse enese – Jumala palet. Jumal on vaim ja me ei saa Teda füüsiliste silmadega näha. Lisaks öeldakse 2. Moosese raamatus 33:20: „Sa ei tohi näha mu palet, sest ükski inimene ei või mind näha ja jääda elama!" Eelija võeti Taevasse ja ta ei näinud surma, aga ometi ei saanud ta Jumalat otseselt näha. 1. Kuningate raamatus 19:12-13 öeldakse: „Ja maavärisemise järel tuli tuli, aga Isandat ei olnud tules. Ja tule järel tuli vaikne, tasane sahin. Kui Eelija seda kuulis, siis ta kattis oma näo kuuega ja läks välja ning seisis koopasuus. Ja vaata, temale kostis üks hääl, kes küsis: „Mis sa siin teed, Eelija?" Eelija kattis oma näo kuuega lihtsalt Jumala vaikset heli kuuldes.

Kohtumõistjate raamatus 13:22 öeldakse ka: „Ja Maanoah ütles oma naisele: „Me peame surema, sest me oleme näinud Jumalat!" Maanoah on Simsoni isa. Ka Jesaja ütles: „Häda mulle, sest ma olen kadunud! Sellepärast et ma olen roojane mees huultelt ja elan roojaste huultega rahva keskel; sellepärast et mu silmad on näinud kuningat, vägede Isandat." (Jesaja 6:5).

Inimesi tapeti, kui nad astusid seadusest üle Jumalale eraldatud kohas või eseme suhtes. Niimoodi juhtus Beet-semesi meestega, kes löödi maha, sest nad olid vaadanud Isanda seaduselaekasse (1. Saamueli raamat 6:19).

Kuna inimesed surevad, kui nad Jumalat otse näevad, ilmutas Jumal end neile kaudselt. Ta näitas end põõsa leegis või tules või pilvedes. Vahel näitas Ta end imede kaudu nagu näiteks Punast merd lõhestades ja päikest ja kuud peatades või märkidega nagu näiteks jalutu püstitõusmise, pimeda nägijaks saamise, kurdi kuuljaks saamise, tumma kõnelema hakkamise või surnute elluärkamise kaudu.

Jumal näitas oma kuju ka Isanda Jeesuse kaudu, nii nagu öeldakse Koloslastele 1:15: „Tema on nähtamatu Jumala kuju, kogu loodu esmasündinu" Johannese 1:18 öeldakse: „Keegi ei ole iialgi näinud Jumalat. Ainusündinud Poeg, kes on Isa rinna najal, Tema on meile teate toonud" ja Johannese 14:9 ütles Jeesus: „Kes on näinud mind, see on näinud Isa. Kuidas sa siis ütled: Näita meile Isa!?"

Tänapäeval ütlevad paljud, et nad usuvad Jumalat, aga nad ei tea, kes Ta tegelikult on ega mõista Ta südant ega tahet. Nad kujutavad Jumalat omaenese kujutlusvõime raames ette. See sarnaneb kaevus elavale konnale, kes peab pisikest ümmargust taevalapikest kogu taevaks. Samamoodi ei saa need inimesed jagada Isa Jumala tõelist armastust ja lisaks, kui nad näevad Jumala armastatuid, peavad nad neid imelikeks.

Jeesus näitas Jumala kuju

Miks Jeesus ütleb Johannese 14:9: „Kes on näinud mind, see on näinud Isa"? Jeesus on Isa Jumalas ja Jumal on Jeesuses ja seega nad on täiesti üheskoos. Sel põhjusel ei rääkinud Jeesus oma sõnu, vaid sai need Isa Jumalalt.

Ta ütles Johannese 12:49-50: „Sest mina ei ole rääkinud iseenesest, vaid Isa, kes on minu saatnud, on andnud mulle käsu, mida ma pean ütlema ja mida ma pean rääkima. Ja ma tean, et Tema käsk on igavene elu. Mida mina räägin, seda ma räägin nõnda, nagu Isa mulle on öelnud." ja Matteuse 15:30-31: „Ja Ta juurde tulid suured rahvahulgad, kaasas jalutuid, vigaseid, pimedaid, kurte ja palju teisi ning panid need Tema jalgade ette ja Tema tegi nad terveks, nii et rahvas imestas, nähes kurte rääkimas, vigaseid tervena ja jalutuid kõndimas ning pimedaid nägemas. Ja nad ülistasid Iisraeli Jumalat."

Kui Jeesus andis Isast sõnadega tunnistust, näitas Jumal oma kõikvõimsust tunnustähtede, imede ja erakordsete ning imeliste asjadega. Need, kes Jeesust uskusid ja järgisid, võisid näha Jumala väge ja nad andsid Jumalale au. Aga need, kes Jeesust ei uskunud, jätsid Ta ja hajusid laiali. Nad ei uskunud Jeesust isegi siis, kui nad nägid Jumala hämmastavaid imetegusid lihtsalt seetõttu, et need asjad ei olnud kooskõlas nende teooriate ja teadmistega.

Jeesus võttis pääsemise ettehoolde täitmiseks vabatahtlikult oma ülesandeks armetu ristitee, sest Ta oli Isa Jumalaga täiesti üks. Tal oli inimkonda päästa sooviva Jumalaga üks süda, isegi kui Ta ees oli kannatuste tee. Ta tahe oli Jumalaga sama, Temast enesest pidi saama lepitusohver. Sellepärast nõustus Jeesus tõrkumata seda teed mööda minema, kuigi see oli inimlikust seisukohast väga kitsas ja raske tee.

Miks me ei või teha Jumala kujutist?

2. Moosese raamatu 3. peatükis kutsus Jumal Moosest Hoorebi mäe põõsa tuleleegist. Ta ütles Moosesele, et ta viiks Egiptuses kannatavad Iisraeli lapsed tõotatud Kaananimaale. Miks Jumal ilmus põõsa tuleleegist?

Ilmselt, kui põõsad hakkavad põlema, põlevad nad ära. See oli ebatavaline, sest põõsas ei põlenud tules ära ja leek ei kadunud. Jumal lasi Moosesel näha vaimset, kadumatut maailma.

Põõsast võib ka pidada „needuse" sümboliks ja seega tähendab Jumala sõnumitooja ilmumine põõsastest tulevas tuleleegis, et Jumal valitseb isegi neetud põõsast. See esindab omakorda vaimset mõtet, et vaenlane kurat ja saatan on Jumala valitsuse alused. Moosesest sai neljakümne katsumuse aasta kaudu Jumala tingimustele vastav inimene ja lõpuks Jumal kutsus ta, et temast Iisraeli juhti teha.

Aga hiljem kui Jumal ilmutas ennast Hoorebi mäel Iisraeli lastele, kuulsid nad ainult Ta häält, aga ei näinud mingit kujutist. Jällegi tuletas Jumal neile hiljem seda meelde ja keelas neil rangelt mingit kuju teha. „Hoidke seepärast väga oma hingi, sest te ei näinud mingit kuju, siis kui Isand rääkis teiega Hoorebil tule keskelt, et te ei tee pahasti ega valmista enestele nikerdatud kuju, mõnda jumalakuju, mehe või naise kujutist, mõne maapealse looma kujutist, mõne taeva all lendava tiivulise linnu kujutist, mõne maad mööda roomaja kujutist, mõne kala kujutist, kes on maa all vees, ja et sa mitte, kui sa tõstad oma silmad taeva poole ja näed päikest ja kuud ja tähti, kogu taevaväge, ei lase ennast eksitada kummardama ja teenima neid, mis Isand, su Jumal, on andnud kõigile rahvaile kogu taeva all." (5. Moosese raamat 4:15-19).

Miks Jumal ütles niimoodi? Inimesed loodi teatud kujuga ja seega neil on kalduvus valmistada ka Jumala kujusid. Jumal arvas murelikult, et kui inimesed seda teevad, piiravad nad Jumala loomust ja kätkevad selle teatud kujutise raamesse. Kui nad valmistasid Jumala kujutise, ei aidanud see neil Teda paremini mõista, vaid pigem blokeeris „vale" kujutise kaudu petetud saamise tõttu tõelise Jumala kuju nägemist. See võis neid omakorda ebajumalaid kummardama panna, mis oli üks asjadest, mida Jumal vihkas kõige rohkem.

Jumal on vaim, seega kuidas me võime Temast kujutist teha ja Teda väljendada? Seega, kui Mooses palus, et Jumal end talle ilmutaks, lubas Ta tegeliku materiaalse kujutise asemel kogu headuse kuju näidata.

Nii nagu vesi külmub jääks või keeb veeauruks, võib Jumal end näidata eri kujudega, milles on üks loomus. Niimoodi aitab Ta inimestel end paremini mõista, sest Ta on vaim ja inimesed on füüsiliselt piiratud.

Jumala kuju suurus

Paljudes kohtades Piiblis on Jumala ihuliikmeid puudutavad väljendused nagu „Sinu silmad" (1. Kuningate raamat 8:29), „kõrv" (Nehemija 1:6) ja „käed" (Jesaja 65:2). Kas need väljendused on vaid sümboolse tähendusega? Ei.

Jumal ei eksisteeri vormitu tühjuse näol. Tal on teatud vorm, mis tähendab, et Ta on selgelt aineline. Aga Ta erineb inimestest, kuna Tal on kuju, mis on füüsilise ihuta vaim, aga inimestel on vaim, hing ja ihu. Jumal eksisteerib eredate valgustena ja me ei näe Teda otseselt. Lisaks erineb Ta oluliselt inimestest ses mõttes, et Aadamal oli esiteks kuju ja siis täitus ta tõega, aga Jumal ongi esiteks Tõde ja omandas alles hiljem kuju.

Mõned arvavad, et Jumal on väga suures ihus, sest Ta on kogu universumis sisalduva Looja, kes valitseb kõike. Muidugi on Tal suur kuju, aga Ta võib oma kuju vabalt muuta. Seega ei saa me Ta kuju olemust mõista, kui me mõtleme inimliku arusaama alusel.

Isegi pärast taevasseminekut erineme me Jumalast oluliselt. Inimestel on maa peal füüsilises ihus inimese kasvatamise läbinud vaimne ihu. Aga Jumalal võib olla kas kuju või Ta võib oma olemasolevast kujust väljuda. Aga inimesed on kätketud teatud kujusse, mis ei muutu Taevas kunagi. See sarnaneb veidi kipsist igasuguse kuju tegemisele, aga kui me mingi kuju valmis teeme, ei saa me algmaterjali juurde naaseda.

Jumal võib olemas olla vaid vormita valgusena või Ta võib omale ka kuju võtta. Neljandas taevas ei võta Jumal tavaliselt omale kuju ja eksisteerib vaid valguse ja häälena. Aga Ta võtab omale kuju, kui Ta on prohvetitega või tuleb alla kolmandasse taevasse, taevariiki. Ta võtab omale kuju, kui Ta on kohas, kus Ta peaks kuju võtma ja Tal ei ole kuju, kui Ta seda ei vaja. Tal on isegi vaba voli oma kuju suuruse üle otsustada.

Näiteks, neljandas taevas ei ole aine kinnistatud tahkes, vedelas ega gaasilises olekus. Sama aine võib oma kuju muuta sama vabalt, kui Jumal seda oma südames teha otsustab. Seega, Jumal oli esialgu olemas vormita valguse ja helina, aga kui Ta tuleb kolmandasse taevasse, võib Tal olla teatud kuju.

Esimene inimene Aadam tehti selle kuju kohaselt, Jumala kolmanda taeva kuju järgi, mis on ka kuju, mida me Taevasse minnes näeme. Aga isegi kui Tal on sama kuju, ilmub Ta neljandas taevas olles kolmanda taeva kujust erinevalt, sest eri mõõtmetes paistavad valgus, au, väärikus ja kõik asjad erinevalt.

Näiteks, isegi sama kristallitükk näeb eri valgustes ja kristalli raamistuses erinev välja. Samamoodi näeb algse Jumala au ja kuju neljandas taevas madalamate mõõtmete omast erinev välja. Kujud näevad isegi samas vaimses ruumis eri mõõtmete kohaselt erinevad välja ja kui Jumal tuleb esimesse taevasse ehk füüsilisse ruumi, on tegu veelgi suurema erinevusega.

Lisaks on sellest füüsilisest maailmast vaimumaailma avatud koridori kaudu Jumala nägemine ja piiratud füüsilisse ruumi riietunud maa peale tulnud Jumala nägemine täiesti erinevad. Prohvetid või inglid ei saa end piiratud füüsilise ruumiga katta, seega nad on ka füüsilisse ruumi ilmumise korral ikkagi vaimses ruumis. Aga Jumal võib katta end igasuguse ruumiga, vastavalt sellele, mida Ta oma südames mõtleb, sest Ta on Looja, kes lõi igasugused ruumid. Ta võib füüsilisse ruumi ilmuda vaimses ruumis olevana ja Ta võib ilmuda ka inimestele nähtaval füüsilisel kujul.

Jumal ilmub vaimsete koridoride kaudu

Piiblist võib leida palju kirjutisi selle kohta, kuidas Jumal tuli inimese kavatamise protsessi ajal maa peale. Kuidas Ta seda tegi?

Nii nagu 1. Moosese raamatus 11:5 kirjutatakse: „Aga Isand

tuli alla vaatama linna ja torni, mida inimlapsed ehitasid." Jumal ise tuli maa peale alla vaatama, mida inimesed tegid. Ja Ta laskus, et näha Moosest, nii nagu kirjutatakse 2. Moosese raamatus 19:18: „Ja kogu Siinai mägi suitses, kui Isand laskus sinna tule sees; selle suits tõusis üles nagu sulatusahju suits, ja kogu mägi vabises kõvasti." ja 4. Moosese raamatus 11:25: „Siis Isand astus alla pilve sees ja rääkis temaga ning võttis tema peal oleva Vaimu, ja pani nende seitsmekümne mehe peale, kes olid vanemad. Ja kui Vaim oli nende peal, siis nad rääkisid prohveti viisil, aga pärast seda mitte enam."

Jumal ei ole piiratud aja kulu muudatustega. Kõik füüsilised ja vaimsed ruumid kuuluvad Talle. Aga tõsi on, et Ta kasutas maa peale alla tulekuks ikkagi vaimset koridori. Ta ei pidanud vaimse koridori kaudu tulema, aga Ta tegi seda, et õiguse reegleid mitte rikkuda.

Isegi kui Jumal oli ise seal, ei saanud selle aja lihalikud inimesed Teda näha. Aga avatud vaimusilmadega inimesed, kes Jumalaga suhtlesid, võisid Jumalat vastavalt oma vaimseks saamise määrale näha. Muidugi ei tähendanud see, et nad oleksid Jumalat palgest palgesse näinud, aga nad võisid Teda näha ja tunda vaid Jumala lubatud piiride raames.

2. Moosese raamatus 33:11 öeldakse: „Ja Isand kõneles Moosesega palgest palgesse, nagu räägiks mees oma sõbraga." Aga see ei tähenda, et Mooses oleks Jumala palet otseselt näinud. See tähendab, et Jumal näitas ennast Moosesele erilisel viisil, et Mooses ei sureks ka pärast Jumala au nägemist, sest Mooses oli

kõigist maapealsetest inimestest kõige tasasem ja alandlikum ja ustav kogu Jumala koja üle.

2. Moosese raamatus 33:18-19 öeldakse: „Aga Mooses ütles: „Näita siis mulle oma auhiilgust!" Ja Tema vastas: „Ma lasen sinu eest mööduda kogu oma ilu ja kuulutan sinu ees Isanda nime. Ja ma olen armuline, kellele olen armuline, ja halastan, kelle peale halastan."

Aga 2. Moosese raamatust 33:23 saab aru, et Mooses ei näinud Jumala palet, vaid Ta selga. Ta oli maapealsetest kõige alandlikum ja tasasem ja ustav kogu Jumala koja üle, aga ta ei saanud ikkagi Jumala palet otseselt näha, sest ta oli oma füüsilise ihuga piiratud.

Jumal ilmus Aabrahamile

1. Moosese raamatu 18. peatükis kirjutatakse, et Aabraham teenis kolme isikut, neile kõike oma parimat andes. Sel korral ilmus Jumala Püha Vaim kahe peaingliga inimkujul. Jumal Püha Vaim on Isa Jumalaga üks ja Ta võib ilmuda inimkujul, kattudes oma südame mõtte peale füüsilise ruumiga.

Kuidas siis kaks peainglit said inimkujul ilmuda? Nad ei ole võimelised füüsilise ruumiga kattuma, aga see sündis, sest nad olid Jumala Püha Vaimuga Jumala Püha Vaimu ruumis. Aga Jumala Püha Vaimu ja kahe peaingli inimkujul ilmumine ei tähenda, et nad olid inimolenditega samasugused. See tähendas üksnes, et nad katsid oma vaimukuju inimkujuga, et nende vaimukuju oleks füüsilises ruumis nähtav.

Need kolm, nimelt Jumala Püha Vaim ja kaks peainglit, sõid toitu, mida Aabraham neile pakkus (1. Moosese raamat 18:8), aga nad sõid inimestest erinevalt. Nad ei mälunud ega seedinud toitu inimeste kombel, vaid toit kadus kohe pärast söömist õhku. Ülestõusnud Isand sõi sellega väga sarnaselt ja toit otsekui lahustus ja eemaldus hingamise kaudu. Muidugi ei olnud hetkeks füüsilise ruumiga kattumine sama, mis ülestõusnud ihus olek. Ülestõusnud ihu on maapealse ihu vaimseks muutunud kuju, aga need kolm isikut olid tol ajal ihus, mis oli füüsilises ruumis oleku vajaduste jaoks kohane.

Põhjus, miks Jumal Püha Vaim pidi füüsilisse ruumi kaetult kahe peaingliga alla tulema, seisnes selles, et Ta pidi Soodomat ja Gomorrat otseselt nägema. Muidugi oleks Ta vaimus selle tegemiseks alla tulla võinud, aga Tal oli põhjus maa peale tulekuks ja nende oma silmaga nägemiseks.

Kaks peainglit ilmusid inimkujul ja sellepärast võisid nad kindlalt kontrollida, kui rikutud sealsed inimesed olid. Inimesed nägid kahe peaingli ilu ja püüdsid neile kurja teha. Jumala Püha Vaim ja kaks peainglit võisid vahetult kogeda ja tunda Soodoma ja Gomorra inimeste kurjust, sest nad ilmusid nende ette tegeliku inimkujuga.

1. Moosese raamatus 18:13 öeldakse: „Aga Isand ütles Aabrahamile...” Sellest võib järelada, et Isand Jumal oli üks neist, kes ilmus Aabrahamile. Aga seal öeldakse, et Aabraham nägi kolme inimest, see laseb meil aru saada, kuidas Jumal Aabrahami ette ilmus.

Jumal ilmutas end Aabrahamile mitmel viisil. Ta võis end Aabrahamile unenäo või nägemuse kaudu näidata või Ta oleks Talle lihtsalt oma hääle andnud. Need meetodid avasid füüsilises ruumis oleva Aabrahami ees vaimse ruumi ja lasid tal vaimses ruumis olevat Jumalat näha ja tunda. Niisugustel juhtudel võib Jumalat näha ja Ta häält kuulda ainult siis, kui inimese vaimusilmad ja -kõrvad on avatud. Kui inimese vaimusilmad ei ole avatud, ei saa ta kunagi näha vaimus toimuvat ka siis, kui Jumal on temaga.

Aga kui Jumal ilmus kahe peaingliga, oli tegu täiesti teistsuguse juhtumiga. Sel ajal ei olnud tegemist lihtsalt vaimse ruumi avanemisega füüsilises ruumis, et Ta võiks füüsilises ruumis nähtav olla. Tegemist oli juhtumiga, kus Ta tuli tegelikult füüsilisse ruumi. Ta kattis end piiratud määral füüsilise ruumiga ja tuli füüsilisse ruumi.

Kui eelnev on Jumala kujutise televiisoriekraanilt nägemisega võrdväärne, siis järgnev variant sarnaneb Jumala televiisorist väljatulekuga. Kui Jumal tuleb füüsilisse ruumi, olles kaetud piiratud füüsilise ruumiga, võivad inimesed Teda näha ka siis, kui nende vaimusilmad ei ole avatud ja sel juhul võib Jumalat inimolendina näha.

Isand tugeva hiilguse kujul

Aga missugune on Jumala Poja väljanägemine? Vahel me kuuleme inimestest, kes räägivad et nad nägid Isandat unenägudes või nägemustes. Enamik neist räägib, et Ta oli täis halastust ja armastust, sest Ta võttis oma valguse ära, et näidata end täie halastuse väljanägemisega. Kui Ta näitab oma jumalikku meelevalda ja väärikust, mis on Looja Jumalaga samal tasemel, ei julge mitte keegi Teda otse näha.

Sellepärast me ei saa näha Isandat Taevas, kui me ei taotle kõigi inimestega rahu ja pühitsust (Heebrealastele 12:14). Isanda valgus on lihtsalt liiga tugev. Ainult vaimus ja täie vaimuga inimesed võivad Isandat näha, sest ka nende vaimse ihu valgus on tugev.

Apostel Johannes nägi nägemuses Isanda ilmumist. Ta kirjeldas üksikasjalikult Isanda silmi, jalgu ja juukseid. Me võime Isanda välimuse kirjelduse alusel ka Isa Jumala välimust ette kujutada.

Johannese ilmutuses 1:14-15 öeldakse: „Aga Tema pea ja juuksed olid valged nagu valge vill, nagu lumi, ning Tema silmad nagu tuleleek, ning Tema jalad olid vasemaagi sarnased, kui see on hõõguvas ahjus, ning Tema hääl oli otsekui suurte vete kohin."

Seal öeldakse, et Isanda juuksed olid valged nagu valge vill ja see tähendab, et Temas ei olnud kurjust ja Ta seisab keset täielikku headust. Seal öeldakse, et Ta silmad on nagu tuleleek, aga see ei tähenda, et Ta silmad oleksid hirmuäratavad. See tähendab, et nad teevad ümbruse eredaks ja annavad teistele sooja tunde. See tähendab ka, et nad põletavad kogu patu ja kurjuse ära. Keegi ei saa Isanda silmade eest peitu minna ja kõik paljastatakse selgelt Tema ees. Seal öeldakse, et Ta jalad on vasemaagi sarnased. Mida rohkem seda puhastada, seda puhtam on pronks. Kirjanduses võrreldakse ilusa naise silmi paljudel kordadel vilkuvate taevatähtedega või huuli kirssidega. Samamoodi võrdles Johannes Isanda jalgu vasemaagiga. Jalad on ihuliikmed, mida inimesed peavad kõige mustemateks. Ja Johannes kirjutas isegi, et Isanda jalad on kõige pühamad ja väärikamad.

Johannese ilmutuses 1:16-17 öeldakse ka: „...Tal oli paremas käes seitse taevatähte ning Tema suust välkus vahe kaheterane mõõk ning Tema palged olid otsekui päike, kui see paistab oma väes. Kui ma Teda nägin, langesin ma Tema jalge ette nagu surnu. Ning Tema pani oma parema käe mu peale ja ütles: „Ära karda! Mina olen Esimene ja Viimne...""

Apostel Johannes oli Jumala ilmutuste saamiseks pühitsetud ja õige inimene, aga Isanda ees muutus ta surnu sarnaseks. Isand pani oma parema käe Johannese pele ja ütles, et ta ei kardaks. See tähendab, et Isand andis oma kätt Johannese peale panekuga kinnitades talle ülesandeks kirjutada Johannese ilmutuse raamat, mis oli lõpuajal paljude äratamiseks. Samuti trööstis Isand Johannest, et ta oma ülesande rahus lõpetada saaks.

Jumala kuju apostel Johannese pilgu läbi

Apostel Johannes nägi Jumala aujärge ja seda ümbritsevat ning kirjutas sellest Johannese ilmutuse 4. peatükis. Ta nägi sündmust, mis juhtus kaua aega pärast selle kirjapanekut. Nii nagu selles juhtumis, võime me Jumala loal olla suvalises kohas suvalisel ajahetkel, kas tulevikus või minevikus, aega ja ruumi läbides. Me võime näha Taevast ja põrgut, Loomise eelset aega ja samuti tulevikus aset leidvat suure valge trooni kohtumõistmist.

Apostel Johannese puhul oli ta vaim vaimumaailma nägemiseks eraldatud. Siin tähendab vaimu eraldumine vaimu eraldumist ihust. Inimene võib vaimumaailma ka nägemuse kaudu näha, aga nägemuses võib ta näha vaid osaliselt. Sellepärast tegutseb Jumal vaimu eraldamise kaudu, kui Ta tahab suuremat pilti näidata. Kuidas siis apostel Johannes nägi Jumalat ja Tema aujärge?

Ta läbis enne üheksakümne aastaseks saamist Isanda nimel väga palju katsumusi ja tagakiusu. Teda visati keeva õli potti, aga ta ei surnud Jumala tegutsemise tõttu. Lõpuks pagendati ta Patmose saarele. Ta sai saarel viibides sügava palve ajal Jumalalt ilmutusi. Selleks ajaks oli ta sügavate palvete ja paljude läbitud katsumuste tõttu täiele pühitsusele jõudnud. Ta sai pühaduse seisundis ilmutusi ja sellepärast võis ta vaim minna väga kõrgele – Jumala aujärje ette.

Johannese ilmutuses 4:3 kirjeldab Johannes Jumala aujärge järgmiselt:

See istuja oli sarnane jaspise- ja karneoolikiviga, ja trooni ümber oli vikerkaar, mis sarnanes smaragdiga.

Jumala erilise ettehoolde kaudu nägi Johannese Jumalat ja

Tema aujärge, aga ei saanud näha Jumala näojooni, sest Tema palgest paistis liiga tugevat valgust. Nii nagu meie ei saa tugeva valguse tõttu säravat päikest vaadata, ei saa me vaimset pimedust eneses omades näha Valguse Jumala kuju. Selleks, et me Jumala kuju näha võiksime, peame me vabanema kurjusest ja meis peab olema Jumala süda, et me muutuksime täielikuks valguseks. Ainult need, kes lähevad kolmandasse taevariiki või sellest kõrgemale, saavad Jumala kuju näha.

Johannese vaim läks Jumala aujärjeni, aga ta ei saanud Jumala palge tegelikku kuju näha. Seega ta ütles, et Jumal oli välimuse poolest jaspise ja karneoolikivi sarnane.

„Jaspisekivi sarrnane" tähendab, et Jumalast paistab erinevat liiki valgust. Kui jaspisekivile valgust paista, peegeldub sealt palju erinevaid ilusaid valgusi ja samamoodi tuleb Jumalast palju erinevaid valguseliike. Jaspis tähendab ka „puhtust, veatust, ausust ja õiglust". Apostel Johannes kirjeldas Jumalat, võrreldes Teda kallihinnalise vääriskiviga, mida inimesed maa peal hinnaliseks peavad.

„Karneoolikivi sarnane" sümboliseerib, et Jumal on ere ja särav ja Ta on ilus nagu tuleleek. Karneoolikivi, mis on punakat värvi, sisaldab Jumalas oleva Püha Vaimu valgust. Isa Jumal ja Jumala Püha Vaim on üks ja Püha Vaimu sees olev valgus on ka Isa Jumalas. Seega on kogu Kolmainsuses tavaliselt jaspise ja karneoolikivi värvid.

„Vikerkaar" sümboliseerib tõotust (1. Moosese raamat 9:12-13). Jumal näitas vikerkaart oma tõotuse märgiks, lubades pärast Noa veeuputust inimkonda enam mitte kunagi veeuputusega karistada. Johannes võrdleb Jumala aujärge ümbritseva vikerkaare kuju ja sellest lähtuvat valgust smaragdiga. Ta võttis vikerkaare värvid ja valguse oma teadmiste piires võrdlusaluseks.

Smaragd sümboliseerib Jumala kindlust, julgust ja tugevust. Lasereid etendusel kasutades võib näha eri hetkedel esiletulevaid eri valgusi. Erivärvi valgused ilmuvad järjestikku või sulanduvad kokku ja loovad veelgi suurejoonelisema vaatepildi. Kui inimesed taolisi vaatemänge näevad, väljendab igaüks valgust erinevalt. Mõni võib keskenduda vaid paarile spetsiaalsele värvile, aga teised püüavad segunenud värve näidete varal selgitada.

Apostel Johannes nägi samuti valgust, mis lähtus Jumalast ja Tema aujärjelt ja seda ümbritsevast vikerkaarest lähtuvaid erinevaid värve ja ta väljendas neid kalliskivide näite varal. Taeva ilu on maapealsete esemete näidete varal raske väljendada. Seega me ei peaks lihtsalt mõtlema, et Jumalast ja Tema aujärjelt tulevad valgused on paari kalliskivi sarnased, vaid meil tuleks Püha Vaimu õhutusel nende erivärvi valguste ilu tunda.

Saage osa jumalikust loomusest

Jumal on neljandas taevas valguse kujul ja sisaldab valguses kumisevat häält. Selles kohas on kõige tugevam valgus ja kõige ilusamad värvid, mida ei ole võimalik kirjeldada. Algse Jumala valguse salapära ja selgus täidab kogu ruumi. Seda ei ole võimalik inimkeeles mitte millegi maapealsega võrrelda. Kui inimene liigub sellesse ruumi, võib ta näha Jumala saladuslikku valgust ja tunda Tema südame suurust. Üksnes mõned valitud isikud, kes on kasvatanud Jumalaga sama südameruumi ja mõõtme, võivad Jumala loaga sellesse ruumi minna. Kui sinna siseneb keegi, kes ei vasta ruumi mineku tingimustele, hajub ta vaim ja kaob.

Me saame Jumalaga ühise südame, kui me läheme valguselastena täieliku valguse mõõtmesse. Siis sünnivad asjad juba hetkel, kui me nende peale oma südames mõtleme ja me võime demonstreerida Jumala kirjeldamatut väge. Selle tegemiseks tuleb meil taastada Jumala kadumaläinud kuju ja olla Jumala südamega. Me võime Jumalaga suhelda igasugusest kurjusest vabanemiseks ja täie valguse saamiseks täieliku vaimu saamise määraga võrdväärselt. Alles sellesse seisundisse jõudes saame me kõik palvevastused ja oleme ka taevariigis kõrgel kohal.

Me võime inimlikke piiranguid ületavat Jumala ruumi kasutada vastavalt pühaduse saavutamise ja Jumala südamele sarnanemise määrale ja võime näha ka Jumala kuju. Mooses nägi Jumala kuju, sest ta oli kõigist maapealsetest inimestest kõige alandlikum ja ustav kogu Jumala koja üle. Aabraham nägi Jumalat, kes tuli maa peale füüsilisel kujul, sest ta oli tõelisele valgusele väga lähedal.

Jumal tegi tõeliste laste saamiseks inimese kasvatamise plaani ja täitis meid oma saladusliku väe abil kõigega, mis on vajalik eluks ja vagaduseks. Me peame püüdma, et me poleks kasutud ega viljatud oma Isanda Jeesuse Kristuse tõelises tundmises. Me võime seista kindlalt Jumala kutsumises ja valikus, kui me oleme oma usu kaudu saanud moraalselt väljapaistvaks ja oma moraalses väljapaistvuses teadjaks ja teadmistes enesevalitsuse ja enesevalitsuses vastupidavuse ja vastupidavuses jumalikkuse ja jumalikkuses vennaarmastuse ja vennaarmastuses armastuse.

2. Peetruse 1:3-4 kirjutatakse: „Tema jumalik vägi on meile kinkinud kõik, mis on vajalik eluks ja vagaduseks, Tema tundmise kaudu, kes meid on kutsunud omaenese kirkuse ja väärikusega. Sel viisil on meile kingitud kõige kallimad ja suuremad tõotused, et te nende kaudu võiksite põgeneda kaduvusest, mis valitseb maailmas himude tõttu, ja saada jumaliku loomuse osaliseks."

Selleks, et me saaksime jumalikust loomusest osa, tuleb meil saavutada täielik valgus, mis on Jumala valguses neeldumiseks piisavalt hea. Niimoodi võime me täita Jumala ruumi mineku jaoks vajalikud tingimused. Selleks on vaja saada osa jumalikust loomusest, kui me saame valguse, mis on Jumala täiusliku valguse sarnane ja liigume edasi ruumi, kus elab algne Jumal. Mida me siis peame jumalikust loomusest osa saamiseks tegema?

Esiteks, meil tuleb täiuslik vaimusüda kasvatada.

Me peame saama üheks Jumalaga, kes on vaim ja seega tuleb meil kasvatada täielik vaimusüda. Kui meis on mingisugust kurjust, lihalikke mõtteid või oma mõttemalle, ei saa me jumalikust loomusest osa. Meil tuleb vaimusüdame saamiseks vabaneda igasugusest kurjusest (1. Tessalooniklastele 5:22) ja kõigist lihalikest mõtetest (Roomlastele 8:6).

Vaimusüdame omamine tähendab, et inimesel on täiesti vaimne, tõene ja siiras süda, mida Jumal talle anda soovib. Üksnes pärast niisuguse südame saamist saame me aru, mida Jumal, Isand ja Püha Vaim tõesti tahavad. Jeesus tuli maa peale ja koges nälga, kurbust, väsimust ja valu. Ta tegi Jumala Sõna kohaselt ja täitis käsuseaduse armastusega.

Isegi kui Ta kannatas inimolendi ihus olles nii palju valu, järgis Ta ikkagi Jumala tahet. Ta ei tülitsenud ega tõstnud oma häält, vaid täitis ennastohverdavalt täielikult Jumala tahte. Seega me ei pea end inimolendite nõrkust ettekäändeks tuues välja vabandama. Me peame igasugusest patust ja kurjusest vabanemise kaudu jumalikust loomusest osa saama ja jumalikke tegusid tehes jumalikku südant omama.

Missugune on teie süda? Ma selgitasin, missugustele tingimustele me peale valguseruumi minekuks vastama ja me võime end nende tingimuste valgel läbi katsuda. Me võime järele kontrollida, mis määral me oleme vabanenud liha tegudest ja kurjusest ja mis määral me oleme kasvatanud Jumala poolt soovitud headuse; kui palju me armastame Jumalat kogu oma südamest ja eritame headuse lõhna; ja mil määral me kanname Püha Vaimu üheksat vilja ja õndsakskiitmiste vilju.

Aga mis puudutab rahu, siis tähendab kõigi inimestega rahujalal olemine, et meil on vaimusüda ja me oleme Isanda valguse lähedal ja saame sellega samaväärselt jumalikust loomusest osa. Me võime öelda, et meil on täiuslik vaimusüda alles siis, kui me kanname Püha Vaimu vilju ja meil on vaimne armastus, millest räägitakse 1. Korintlastele 13. peatükis, õndsakskiitmiste viljad ja valguse viljad ning mitte vaid 50 % või 60 %, vaid 100 % ulatuses.

Teiseks, me peame Püha Vaimu õhutusel palvetama.

Jumal ei taha kohusetundest tulevat palvelõhna. Ta tahab, et me palvetaksime Jumala südame kasvatamiseks kogu südamest. Inimesed võivad sama kaua palvetada, aga eri inimestel on erinev südamelõhn. Mõned rahulduvad lihtsalt sellega, et nad täidavad oma päevase palvekoguse, aga teised ei saa palvetades isegi aru, kui palju aega on möödunud, sest nad tunnevad rõõmu Jumala ees palvetamisest, muutudes armastusest, mida nad Tema vastu tunnevad.

Meilt eeldatakses, et me teeksime selles füüsilises maailmas vaimse ruumi tegusid. Selle jaoks on meil vaja vaimses ruumis viibivalt Jumalalt jõudu ja väge. Sellepärast ei või me lihtsalt kohusetundest palvetada. Jumal tahab, et me palvetaksime kogu südamest armastusest, mida me Tema vastu tunneme.

Jumalalt väe saamiseks tuleb meil paluda vaimseid palveid, mis suudavad füüsilisest ruumist kaugemale tungida ja avada vaimse ruumi. Selle tegemiseks ei või me oma suva kohaselt palvetada ega mõtelda palvetades uitmõtteid. Niisugused palved ei suuda füüsilisest ruumist läbi tungida. Nad lähevad üksnes raisku. Niisugused palved ei liiguta Jumalat. Kuidas te tunneksite end lapsevanemana, kui teie lapsed paluksid kangekaelselt ainult seda, mida nad oma ahnusest tahavad? Tõenäoliselt valmistaks see teile pettumust.

1. Korintlastele 2:10 öeldakse: „Aga meile on Jumal selle ilmutanud Vaimu kaudu, kuna Vaim uurib läbi kõik, ka Jumala sügavused." Me peame oma südames oleva Püha Vaimu

sisendusel palvetama. Siis võime me palvetada Jumala tahte kohaste asjade eest ja me mõistame ka, mida me tegema peame. Me saame vaimuruumi värava avada ja vaimses mõõtmes oleva Jumalaga suhelda, sest me oleme meis oleva Püha Vaimu kaudu ühendatud.

Kolmandaks, me peame igaüht voorusliku heldusega armastama ja aktsepteerima.

Jumala südame sarnases vaimusüdames on juba armastus ja heldus, aga ma rõhutan armastust ja heldust taas, sest kuna me armastame Jumalat, peame me olema suure südamega ja helded, et igaüht aktsepteerida. Me peaksime olema täis armastust ja heldust ja hoolima igaühest, kes on meie lähedal ja kellel on raskused või kes on väsinud. Jumala süda on mõõtmatult avar, aga Ta on nii õrn ja hooliv, et Ta hoolitseb orbude ja lesknaiste ja hüljatute olukorra eest.

Kui me hoolime isegi väikestest asjadest armastusega ja ehitame teisi oma heldusega üles, oleme me jumalikust loomusest. osa saajad. Me peaksime endist aru saama ja Jumala Sõna abil muutuma, et jumalikust loomusest osa saada.

Kui meil on täielik valgusesüda ja me saame osa jumalikust loomusest, nagu ma eelnevalt selgitasin, võime me valguseruumi ja Jumala ruumi minna. Kui me läheme Jumala ruumi, võime me näha selle ruumi erilist valgust. Me tunneme ka Jumala südant, mis on väga avar ja suur. Lisaks, isegi kui meie füüsiline ihu on füüsilises ruumis, kasutame me Jumala ruumi, mis meie südames on, et inimliku mõistmise jaoks hoomamatud asjad ilmneksid.

1. Johannese 1:5 öeldakse: „Ja see on sõnum, mida me oleme kuulnud Temalt ja kuulutame teile: Jumal on valgus, ja Temas ei ole mingit pimedust." Kui me elame Jumala täiuslikus valguses, tähendab see, et meil on Jumalaga ühine süda ja kõik, mille peale me oma südames mõtleme, sünnib ja me tegutseme inimeste jaoks kirjeldamatult suure väega.

Ma palun Isanda nimel, et te vastaksite kõigile neile tingimustele, et te võiksite maa peal elades saada kõik Aabrahami õnnistused ja saada kõige aulisemad kohad Taevas, igaveses valguseruumis.

Autor:
Dr. Jaerock Lee

Dr. Jaerock Lee sündis 1943. aastal Muanis, Jeonnami provintsis, Korea Vabariigis. Kahekümnesena oli Dr. Lee mitmete ravimatute haiguste tõttu seitse aastat haige ja ootas surma ilma paranemislootuseta. Kuid õde viis ta ühel 1974. aasta kevadpäeval kogudusse ja kui ta põlvitas, et palvetada, tervendas elav Jumal ta kohe kõigist haigustest.

Hetkest kui Dr. Lee kohtus selle imelise kogemuse kaudu elava Jumalaga, on ta Jumalat kogu südamest siiralt armastanud ja Jumal kutsus ta 1978. aastal end teenima. Ta palvetas tuliselt, et ta võiks Jumala tahet selgelt mõista ja seda täielikult teha ning kuuletuda kogu Jumala Sõnale. 1982. aastal asutas ta Manmini koguduse Seoulis, Lõuna-Koreas ja tema koguduses on aset leidnud arvukad Jumala teod, kaasa arvatud imepärased tervenemised ja imed.

1986. aastal ordineeriti Dr. Lee Korea Annual Assembly of Jeesus' (Jeesuse aastaassamblee) Sungkyuli koguduse pastoriks ja neli aastat hiljem – 1990. aastal, hakati tema jutlusi edastama Austraalia, Venemaa, Filipiinide ülekannetes ja paljudes muudes kohtades Kaug-Ida ringhäälingukompanii, Aasia ringhäälingujaama ja Washingtoni kristliku raadiosüsteemi kaudu.

Kolm aastat hiljem, 1993. aastal, valis Christian World (Kristliku maailma) ajakiri (USA) Manmini Keskkoguduse üheks „Maailma 50 tähtsamast kogudusest" ja Christian Faith College (Kristlik Usukolledž), Floridas, USA-s andis talle Teoloogia audoktori tiitli ja 1996. aastal sai ta Ph.D. teenistusalase kraadi Kingsway Teoloogiaseminarist, Iowas, USA-s.

1993. aastast alates on Dr. Lee juhtinud maailma misjonitööd, viies läbi palju välismaiseid krusaade Tansaanias, Argentinas, L.A.-s, Baltimore City's, Havail ja New York City's USA-s, Ugandas, Jaapanis, Pakistanis, Kenyas, Filipiinidel, Honddurasel, Indias, Venemaal, Saksamaal, Peruus, Kongo Rahvavabariigis ja Iisraelis. 2002. aastal nimetasid Korea peamised kristlikud ajalehed teda tema töö eest paljudel välismaistel ühendkrusaadidel „maailmapastoriks."

2010. aasta septembrist koosneb Manmini Keskkogudus rohkem kui 100 000 liikmest. Kogudusel on 9000 sisemaist ja välismaist harukogudust kogu maailmas ja praeguseni on sealt välja lähetatud rohkem kui 132 misjonäri 23 maale, kaasa arvatud Ameerika Ühendriigid, Venemaa, Saksamaa, Kanada, Jaapan, Hiina, Prantsusmaa, India, Kenya ja paljud muud maad.

Tänaseni on Dr. Lee kirjutanud 60 raamatut, kaasa arvatud bestsellerid Tasting Eternal Life before Death (Maitsedes igavest elu enne surma), My Life My Faith I & II (Minu elu, minu usk I ja II osa), The Message of the Cross (Risti sõnum), The Measure of Faith (Usu mõõt), Heaven I & II (Taevas I ja II osa), Hell (Põrgu) ja The Power of God (Jumala vägi) ja tema teosed on tõlgitud enam kui 44 keelde.

Tema kristlikud veerud ilmuvad väljaannetes The Hankook Ilbo, The JoongAng Daily, The Dong-A Ilbo, The Munhwa Ilbo, The Seoul Shinmun, The Kyunghyang Shinmun, The Hankyoreh Shinmun, The Korea Economic Daily, The Korea Herald, The Shisa News ja The Christian Press.

Dr. Lee on praegu mitme misjoniorganisatsiooni ja –ühingu asutaja ja president, kaasa arvatud The United Holiness Church of Korea (Korea Ühendatud Pühaduse Koguduse) esimees; Manmin World Mission (Manmini Maailmamisjoni) alaline president; The World Christianity Revival Mission Association (Ülemaailmse Kristliku Äratusmisjoni Liidu) asutaja; Manmini TV asutaja ja juhatuse esimees; Global Christian Network (GCN) (Ülemaailmse Kristliku Võrgu CGN) asutaja ja juhatuse esimees; The World Christian Doctors Network (WCDN) (Ülemaailmse Kristlike Arstide Võrgu WCDN) asutaja ja juhatuse esimees; Manmin International Seminary (MIS) (Manmini Rahvusvahelise Seminari MIS) asutaja ja juhatuse esimees.

9 791126 313310